ANDREY SHELDUNOV & MARIIA POLONCHUK

DAS GROSSE BUCH DER
UKRAINISCHEN KÜCHE

Stocker
StV

Umschlaggestaltung: DSR Werbeagentur Rypka GmbH

Bildnachweis:
Archiv Stocker Verlag: S. 8, 9, 11, 12, 13, 15, 16 (re.), 17, 18 (u.), 21 (re. o.), 62 (re. o.),
63 (li. o.), 161 (li. o.), 162 (li. o.), 163 (u.), 164 (u.)
Czernowitzer Kochbuch (Weidhofer/Danler-Bachynska/Meindl): S. 16 (li.), 22 (o.),
162 (re. o./re. u.), 164 (re. o.)
Dovgan GmbH: S. 21 (li. o.)
Krimskoye: S. 21 (li. u.)
Kagor (GFDL Wikimedia Commons): S. 62 (re. u.)
iStock: S. 20 (re.)
Alle übrigen Abbildungen wurden dem Verlag freundlicherweise von den Autoren
zur Verfügung gestellt.

Ins Deutsche übertragen von Mag. Christina Brock

Der Inhalt dieses Buches wurde von der Übersetzerin und vom Verlag nach
bestem Wissen überprüft; eine Garantie kann jedoch nicht übernommen werden.
Die juristische Haftung ist daher ausgeschlossen.

Bibliografische Information der Deutschen Nationalbibliothek
Die Deutsche Nationalbibliothek verzeichnet diese Publikation in der Deutschen
Nationalbibliografie; detaillierte bibliografische Daten sind im Internet über
http://dnb.d-nb.de abrufbar.

Hinweis:
Dieses Buch wurde auf chlorfrei gebleichtem Papier gedruckt. Die zum Schutz vor
Verschmutzung verwendete Einschweißfolie ist aus Polyethylen chlor- und schwefel-
frei hergestellt. Diese umweltfreundliche Folie verhält sich grundwasserneutral, ist
voll recyclingfähig und verbrennt in Müllverbrennungsanlagen völlig ungiftig.

Auf Wunsch senden wir Ihnen gerne kostenlos unser Verlagsverzeichnis zu:
Leopold Stocker Verlag GmbH
Hofgasse 5/Postfach 438 | A-8011 Graz
Tel.: +43 (0)316/82 16 36 | Fax: +43 (0)316/83 56 12
E-Mail: stocker-verlag@stocker-verlag.com
www.stocker-verlag.com

ISBN 978-3-7020-1561-9

Layout und Repro: DSR Werbeagentur Rypka GmbH, 8143 Dobl/Graz
Druck: Druckerei Theiss GmbH, 9431 St. Stefan

ANDREY SHELDUNOV & MARIIA POLONCHUK

DAS GROSSE BUCH DER

UKRAINISCHEN KÜCHE

LEOPOLD STOCKER VERLAG

GRAZ · STUTTGART

Inhalt

Kapitel 1
Suppen _____ 24

Kapitel 2
Kleine Gerichte _____ 40

Kapitel 5
Hauptgerichte – Fisch ____ 100

Kapitel 6
Fleischlose Hauptgerichte _ 108

Kapitel 7
Süßes – Süßspeisen,
Kuchen & Desserts _____ 124

Deutsch-österreichisches Küchenlexikon

Da die westlichen Landesteile der Ukraine ein-einhalb Jahrhunderte zu Österreich gehörten und überhaupt kulinarisch stark von der Donau-monarchie beeinflusst wurden, verwenden wir im „Großen Buch der Ukrainischen Küche" in erster Linie die österreichische Küchensprache: Palatschinken, Knödel, Rote Rüben usw.

In diesem Glossar finden Sie die entsprechen-den Ausdrücke einander gegenübergestellt.

Bouillon – *Brühe*
Dörrzwetschken – *Backpflaumen*
Faschiertes – *Hackfleisch*
Fisolen – *grüne Bohnen*
Karfiol – *Blumenkohl*
Knödel – *Klöße*
Kraut – *Weißkohl*
Kren – *Meerrettich*
Laibchen – *Frikadellen*
Lauch – *Porree*
Marillen – *Aprikosen*
Melanzani – *Auberginen*
Obers – *Sahne*
Palatschinken – *Pfannkuchen*
Rote Rüben – *Rote Bete*
Sauerrahm – *saure Sahne*
Topfen – *Quark*

Altes Bauernhaus aus der nordukrainischen Region Podolien, heute im Freilichtmuseum Pirogovo bei Kiew

Geschichte der ukrainischen Küche

Die ukrainische Küche ist eine der vielfältigsten und interessantesten der Welt. Sie gehört ebenso zum Kulturerbe unseres Volkes wie die ukrainische Sprache, Literatur und Musik. Auf sie sind die Ukrainer stolz und sie verdient, der Nachwelt erhalten zu bleiben. Dank ihres Reichtums an vorzüglichen Speisen von hoher geschmacklicher Qualität fand sie über die Grenzen der Ukraine hinaus Verbreitung. Einige Gerichte, zum Beispiel die zahlreichen Variationen des Borschtsch und der Nudelteigtaschen Waréniki, gehören längst zum Standard internationaler Speisekarten.

Die Entstehung des ukrainischen Volkes begann vor mehr als anderthalbtausend Jahren. Annähernd zur gleichen Zeit begann sich auch eine eigenständige Küche herauszubilden. Die Mehrzahl der ukrainischen Gerichte zeichnet sich durch hohe geschmackliche Qualität und Reichhaltigkeit an Nährstoffen sowie durch aufwendige Rezepte und eine komplexe Kombination ihrer Zubereitungsmethoden aus.

Borschtsch, Getreidebreie (*Káscha*), Nudelteigtaschen und Kartoffeln bilden die Grundlage der ukrainischen Tafel. Viele ihrer Gerichte sind aufgrund der Besonderheiten des langsamen Garens im Ofen, bei dem die Vitamine und Nährstoffe erhalten bleiben, ausgewogen und gesund.

Die ukrainische Küche war schon immer praktisch orientiert. Das Essen wurde in einem speziellen Ofen gegart, vergoren oder einfach warm gehalten, wobei häufig Frühstück, Mittag- und Abendessen gleichzeitig zubereitet wurden.

Die Geschichte dieses Ofens geht auf die graue Vorzeit zurück, auf das sogenannte „geschlossene Feuer" oder den „Kochofen" (*warísta pitsch*), den Vorfahren des Ofens, der in der Konstruktion den Öfen anderer slawischer Völker ähnelt. Gerade dieser Ofen bildete die Grundtechniken der Zubereitung von Speisen heraus: das Kochen, Dünsten/Schmoren und Backen. Bei dieser Wärmebehandlung bleibt in den Lebensmitteln das Nützlichste erhalten und es entstehen keine schäd-

Traditionelle Baukultur, bewahrt im Freilichtmuseum Pirogovo bei Kiew: Kirche aus dem mittleren Dnjepr-Gebiet

Traditionelle bäuerliche Wohnkultur der Westukraine: Heute wohl nur mehr in Freilichtmuseen wie hier in Uzhgorod zu sehen.

BORSCHTSCH (Rezepte s. S. 25, 28, 31 und 32)

Die ukrainische Kochtradition schenkte der Welt ein solch archetypisches Gericht wie den Borschtsch, welcher die internationale Küche bereichert hat. Es handelt sich um eine aufwendige eintopfartige Suppe auf der Grundlage von Roten Rüben mit bis zu 20 Zutaten. Für die Zubereitung des traditionellen Borschtsch werden verschiedene kulinarische Verfahrensweisen angewandt. Jede Borschtsch-Variante (und deren gibt es in der Ukraine eine unüberschaubare Vielzahl) basiert auf der Herstellung einer reichhaltigen Bouillon (*júschka*) und dem leichten Anbraten sowie Anschwitzen der Gemüsezutaten, bevor sie in den Topf gelangen. Der klassische Borschtsch wird ohne Fleisch zubereitet, jedoch existiert eine Vielzahl von Rezepten mit Fleisch.

WARÉNIKI (Rezepte s. S. 119/120 und 129/130)

Ein nicht minder typisch ukrainisches Gericht sind die Nudelteigtaschen (Waréniki). Ihre Zubereitung ähnelt den sibirischen Pelméni oder den kaukasischen *Mantí*; sie unterscheiden sich jedoch durch die Verwendung einer pflanzlichen Fülle aus Gemüse oder Beeren statt einer Füllung mit Faschiertem grundlegend von ihnen. So gibt es beispielsweise Waréniki mit Kirsch-, Kartoffel-, Kraut- oder Topfenfüllung. Im Übrigen sind aber auch Nudelteigtaschen mit gekochtem Fleisch durchaus beliebt.

lichen krebserzeugenden Stoffe (Karzinogene) wie beim Braten oder Räuchern. Die dicken Wände halten die Wärme lange im Ofen, die Lebensmittel „schmachten" dort ziemlich lange, werden von allen Seiten erhitzt, wodurch sie langsam und gleichmäßig garen. Selbst die Kosaken, die Wild erlegt hatten, pflegten daraus eine *Júschka* (Bouillon, Brühe) zu kochen, statt das Fleisch am Grill zu braten.

Außerdem hat die ukrainische Küche auch einige technische Kunstgriffe aus den Küchen der Nachbarvölker übernommen, speziell das Anbraten der Lebensmittel in erhitztem (nicht siedendem) Fett (*smázhennja*), welches der tatarischen und türkischen Küche eigen ist. Aus der deutschen Küche hat sie die Laibchen aus Faschiertem (*ssítscheniki*) entlehnt, aus der ungarischen beispielsweise den Gebrauch von Paprika.

Die geografischen und klimatischen Lebensbedingungen des ukrainischen Volkes waren so vielfältig, dass sie es erlaubten, sich sowohl vom Pflanzenanbau als auch aus der Tierhaltung zu ernähren. Schon zur Zeit der *Trypillja-* (russ. *Tripolje-*)Kultur (vor 5000 Jahren), die die Slawen beerbten, kannte die Bevölkerung dieser Gebiete Weizen, Gerste und Hirse. Der Roggen kam erst bedeutend später, vor etwa 1000 Jahren, in Gebrauch. Viehzucht, Jagd und Fischfang ließen die Speisenauswahl sehr

vielfältig werden, wenngleich Fleischgerichte im Volk noch bis zum Beginn des 19. Jahrhunderts als ausschließliche Festtagsspeisen galten.

Als wesentlicher tierischer Nahrungsrohstoff der ukrainischen Küche diente seit ältester Zeit im Kontrast zu den östlichen Küchen das Schweinefleisch – den Tataren zum Trotz, die Lamm- und Hammelfleisch liebten und schätzten, und im Gegensatz zu den Russen, die Rindfleisch bevorzugten. Seit jeher verwendeten die Ukrainer, die das Land bebauten, Ochsen als Zug- und Lasttiere. Deshalb wurde der Gebrauch von Rindfleisch in der Nahrung nicht gutgeheißen; das Fleisch galt als nicht sehr rein, ganz zu schweigen davon, dass es bedeutend zäher war als das weiche Schweinefleisch. In Luzk setzte man dem Schwein sogar ein Denkmal, weil es die Ukraine beim Einfall der Mongolen im 13. Jahrhundert „gerettet" habe. Die einheimische Bevölkerung überlebte vielfach dank dem Verzehr von Schweinefleisch, weil die Mongolen, die das Schwein als „unreines" Tier betrach-

teten, sich davor ekelten und es deshalb in den eroberten Gebieten nicht beschlagnahmten.

Mit den geografischen (und dementsprechend kulinarischen) Entdeckungen des 16. bis 18. Jahrhunderts kam in der Ukraine eine bedeutende Anzahl neuer Kulturpflanzen in Gebrauch, welche die Speiseliste der heimischen Küche erweiterten und abwechslungsreicher gestalteten. Im 18. Jahrhundert fand beispielsweise die Kartoffel weite Verbreitung, die für Vorspeisen und Hauptgerichte sowie als Beilage von Fisch- und Fleischspeisen verwendet wurde. Obwohl sie in der Ukraine, im Unterschied zu Weißrussland, nicht zum „zweiten Brot" wurde, ist sie dennoch aus der heimischen Küche nicht wegzudenken. Im 18. Jahrhundert kamen in der Ukraine auch die Sonnenblume und der Senf auf, was in der Entwicklung ihrer Küche eine wichtige Rolle spielte. Das Sonnenblumenöl begann das aus Griechenland eingeführte Olivenöl zu verdrängen, und aus den Senfsamen wurden ebenfalls Öl und Gewürze für kalte und heiße Fleischspeisen gewonnen.

JÚSCHKA (Rezepte s. S. 26 und 148)

Die Bouillon, der Sud, die *Júcha* oder *Júschka* ist eines der Hauptelemente der ukrainischen Küche. Die reichhaltigen und sättigenden Fleisch-, Fisch-, Gemüse- und Fruchtsude können entweder die Basis für darauf aufbauende Gerichte (wie etwa den Borschtsch) bilden oder aber als eigenständige Gerichte dienen (wie zum Beispiel die *Kútja*) (Rezept s. S. 174). Häufig wird eine *Júschka* unter Zugabe von Erbsen, Getreidegrützen, Grieß oder Graupen zubereitet, die sie dickflüssig und breiig machen.

Bunte Hausfassaden sind insbesondere in westukrainischen Gebieten sehr beliebt. Gerade in den Karpaten haben viele ukrainische Dörfer ihren ursprünglichen Charme bewahrt.

Während in den muslimisch geprägten Küchen das Lammfleisch dominiert und die Russen Rindfleisch lieben, setzen die Ukrainer seit jeher auf das Schwein.

Erst seit dem 18. Jahrhundert werden in der Ukraine Sonnenblumen angebaut, die heute vor allem in den östlicheren Landesteilen in riesigen Feldern kultiviert werden.

Schon im 11. und 12. Jahrhundert wurde der Buchweizen aus Asien eingeführt, aus dem man Graupen und Mehl, alle möglichen Palatschinken, Pfannkuchen und Fladen, Füllungen und Beilagen, Grützen und Sauerteige sowie viele weitere Lebensmittel und Speisen herstellte. Im 15. und 16. Jahrhundert begann der Handel innerhalb des Landes und mit den Nachbarstaaten mächtig aufzublühen. Aus Zentralasien wurden Maulbeeren und Melonen eingeführt, aus Amerika Mais, Bohnen und Kürbisse. Dank dieser den ukrainischen Tisch bereichernden Handelsbeziehungen bildete sich allmählich eine Küche mit einzigartigen Speisen und Getränken und je eigenen Verarbeitungsmethoden heraus, die denen der Nachbarvölker nicht ähnelten.

Seit ihrem Bestehen hat die ukrainische Küche einen langen und interessanten Weg von einfachen Speisen bis hin zu komplex zusammengestellten Gerichten mit bemerkenswerten Zubereitungsmethoden zurückgelegt. In enger Nachbarschaft zu anderen Völkern mit je eigenen kulinarischen Vorlieben lebend haben die Ukrainer nach und nach ihre eigene unverwechselbare Zusammenstellung von Lebensmitteln mit eigenen Herstellungsverfahren entwickelt. Und dennoch kann die ukrainische Küche, wie sie sich zuletzt herausgebildet hat und wie wir sie heute kennen, erst mit Beginn des 19. Jahrhunderts, als die Tomaten aufkamen, als solche bezeichnet werden. Annähernd zeitgleich mit den Tomaten übernahm die ukrainische Küche auch andere Gemüsesorten wie die blauen Melanzani – die zuvor als „muselmanisch" verunglimpft und als für den Verzehr ungeeignet betrachtet wurden –, aber auch die Zuckerrübe, aus der man Zucker herzustellen begann, was die Volksküche enorm bereicherte. Der Zucker wurde aufgrund seines leichten Herstellungsverfahrens für die Mehrheit der Bevölkerung erschwinglich, was die Palette der Speisen bedeutend erweiterte: Auf der Speisekarte erschienen nun süße Mehlspeisen, Kuchen, Puddings und Breie. Auch die Auswahl der Getränke erweiterte sich um süße Fruchtliköre, *Warenúcha* und ähnliche Spirituosen. Für *Warenúcha* wird selbst gebrannter Schnaps, in der Ukraine *Gorílka* oder auch *Ssamogón* genannt, mit Honig und Trockenfrüchten in einem verschlossenen Topf im Ofen längere Zeit erhitzt und so aromatisiert.

Verschiedene Regionen – unterschiedliche Einflüsse benachbarter Kulturen

Im Laufe ihrer Entwicklungsgeschichte hat die ukrainische Küche den Einfluss vieler Völker erfahren – unter anderen der deutschen, ungarischen, litauischen, polnischen, russischen, tatarischen und türkischen Kochkunst. Dabei konnte sie dennoch ebenso ihre grundlegenden nationalen Charakteristika bewahren wie auch die Unterschiede zwischen den Regionen Karpato-Ukraine, Polesien, Wolhynien, Huzulschtschina, Bukowina, Sloboda-Ukraine u. a.

Wie jede andere Küche mit einer reichen Geschichte ist die ukrainische Küche weitgehend regional geprägt. So unterscheidet sich die westukrainische Küche merklich von der ostukrainischen. Der Einfluss der türkischen Küche auf die Bukowina, der ungarischen Küche auf die Huzulschtschina und der russischen Küche auf die Sloboda-Ukraine ist unbestreitbar. Über die größte Vielfalt verfügt die Küche der Zentralukraine und hier besonders die Gebiete rechts des Dnjepr. Der in der Ukraine so populäre Borschtsch weist eine Vielzahl von Unterarten auf, er wird praktisch in jedem Gebiet auf andere spezifische Weise, nach eigenem Rezept zubereitet.

Einige kulinarische Techniken hat die ukrainische Küche bei der deutschen und ungarischen, andere bei der tatarischen und türkischen Küche entlehnt und auf eigene Weise abgewandelt. Das in der türkischen Küche übliche Anbraten in erhitztem, nicht siedendem Fett wurde in der Ukraine zum *smázhennja*, dem leichten Anbraten von Gemüsesorten für den Borschtsch und andere Hauptgerichte, welches die russische Küche wiederum gar nicht kennt.

Die westukrainische Küche

Die Küche der Westukraine ist eine Mischung aus einfacher Bauernküche und den kulinarischen Traditionen der Nachbarvölker. Sie basiert auf Schweinefleisch, Kraut und Getreidebrei; Einflüsse der rumänischen bzw. moldauischen, polnischen und ungarischen Küche mischen sich in ihr. In der Westukraine konkurrieren einige Regionen untereinander, was die Raffinesse und Originalität der örtlichen Küche betrifft, jedoch wird die bukowinische Küche niemals der huzulischen ähneln: Erstere tendiert eher zur polnischen, letztere dagegen eher zur ungarischen Küche hin. Da die Bukowina und Moldawien einstmals durch neue Grenzziehungen der Türkei zugeschlagen wurden und später unter österreichische bzw. ungarische und rumänische Herrschaft gerieten, haben ihre Speisetafeln und Zubereitungsmethoden einige kulinarische Besonderheiten dieser Länder in sich aufgesogen.

Czernowitz als Hauptstadt der Bukowina strahlt noch viel alt-österreichischen Charme aus, die Universität (Bild) ist aber in der östlich anmutenden ehemaligen Residenz des Metropoliten der Bukowina untergebracht.

Die historischen Regionen der Ukraine

WEISSRUSSLAND

RUSSLAND

POLEN

P O L E S I E N

Nördliche Tschernihiwschina

Tschernihiw

Luzk

Riwne

Sumy

Wolhynien

KIEW

Charkiw

Schytomyr

Sloboda-Ukraine

Lemberg

Zentralukraine

Poltawa

Ternopil

Galizien

Chmelnyzkyj

Winnyzja

Tscherkassy

Donez

SLOWAKEI

Iwano-Frankiwsk

Podolien

Kirowohrad

Dnipropetrowsk

Lugansk

Ushgorod

Karpatoukraine

Czernowitz

Dnjepr

Donbass

UNGARN

Bukowina

Dnjestr

Bug

Saporischschja

Donezk

Pruth

Bessarabien

MOLDAWIEN

Saporischschja

Schwarzmeerregion (Pritschernomorja)

Mykolajiw

RUMÄNIEN

Odessa

Cherson

Taurien

Asowsches Meer

Donau

Krim

Simferopol

Schwarzes Meer

Sewastopol

HUZULEN

Die Huzulen leben im Bergland der Karpaten zwischen der Ukraine, Polen und Rumänien. Ihre besondere Volkskultur sowie ihre ruthenische Sprache unterscheidet diese Volksgruppe von den übrigen Ukrainern. In der Karte der ukrainischen Regionen (s. oben) ist das Siedlungsgebiet der Huzulen nicht extra ausgewiesen, die „Huzulschtschina" umfasst die gebirgigen Teile Galiziens, der Bukowina und Transkarpatiens.

Die huzulische Küche ist einfach und dabei äußerst originell. Die am häufigsten verwendeten Lebensmittel in dieser Region sind Maisgrieß und Maismehl, Bohnen, Pilze (derer es hier eine unüberschaubare Vielzahl gibt!), Kartoffeln und der *Brýndsja* genannte örtliche Salzlakenkäse. Trotz der ähnlichen Benennung hat dieses Schafmilchprodukt nichts mit dem in Mitteleuropa erhältlichen

„Brimsen" gemeinsam. Die ukrainische *Brýndsja* ist ein weicher Schnittkäse und nicht streichfähig.

Die beliebtesten Gerichte der Karpatenküche sind der *Bánosch*, die „Pilzbouillon", der huzulische Borschtsch und die *Rossíwniza*.

Der huzulische *Bánosch* ist ein kalorienreiches Gericht – ein Maisbrei auf der Basis von Obers oder Wasser mit Sauerrahm, der mit Schwartenbauchfleisch bzw. Schweinespeck, *Brýndsja* und mit Pilzen als Beilagen serviert wird. Wer abnehmen möchte, sollte an einen echten huzulischen *Bánosch* nicht einmal denken; doch wie sehr wird er von jenen geschätzt, die es sich erlauben können, mit nur einer Mahlzeit eine solch mörderische Anzahl von Kalorien zu sich zu nehmen! Etwas leichter ist der nur mit Wasser gekochte Maisbrei *Mamalýga* (Rezept s. S. 121).

Als „Pilzbouillon" bezeichnen die Huzulen einen Sud aus Steinpilzen auf der Basis von Hühnerbouillon, der hausgemachte Nudeln und frische Kräuter hinzugegeben werden.

Bei der huzulischen *Rossíwniza* handelt es sich um eine lokale Variante des als *Kapúsnjak* (Rezept s. S. 34) bezeichneten Sauerkrauteintopfs. Die *Rossíwniza* wird aus Sauerkraut und Maisgrütze

Die ukrainische Region Transkarpatien war bis zum Zweiten Weltkrieg Teil der Tschechoslowakei bzw. Ungarns, auch ihre Küche ist von dieser Vergangenheit geprägt. – Straßenszene in Uzhgorod.

auf der Grundlage einer Bouillon aus Schweinefleisch zubereitet.

Eine weitere Vorspeise der huzulischen Küche ist die regionale Variante des Borschtsch. In der Huzulschtschina bereitet man ihn üblicherweise mit geräuchertem Schinken und eingelegter Roter Rübe zu.

Das Goldene Tor, bis zum 18. Jahrhundert der Haupteingang in die Stadt, gilt als das Wahrzeichen Kiews, 1832 wurde es rekonstruiert und 1982 anlässlich des 1500-jährigen Bestehens der Stadt in der heutigen Form neu eröffnet.

Die traditionelle Holzbauweise der huzulischen Karpatendörfer findet sich heute fast nur mehr in Freilichtmuseen.

Größter Beliebtheit unter den Breien erfreut sich der *Kulésch* (russ. *kuljésch*, ukr. *kulísch*) (Rezept s. S. 38) – ein Gericht aus Maisgrieß, welches mit angebratenem Speck verfeinert wird. Manchmal wird der *Kulésch* mit geriebenen Kartoffeln zubereitet und mit Stücken des Salzlakenkäses *Brýndsja* serviert.

Aus Schafmilch bereiten die Huzulen *Wúrda* zu – einen Käse mit einem einzigartigen Geschmack und Aroma. Ein ähnlicher Käse ist in Italien und anderen Mittelmeerländern sehr beliebt, wo man ihn Ricotta nennt. Im Unterschied zum *Wúrda* wird allerdings Ricotta aus Kuhmilch zubereitet, jedoch im gleichen Herstellungsverfahren.

Für die Zubereitung von *Schúpenja* – eines weiteren original huzulischen Gerichts – werden Bohnen und frische Fisolen bzw. Erbsen verwendet und mit Schweinebauch und Gerstenbrei zu einem Eintopf gekocht.

Unter den Backwaren erfreuen sich der *Knysch* und der *Papanásch* größter Beliebtheit. Dieses aus Siebenbürgen stammende Krapfengebäck ähnelt den in Österreich bekannten „Topfennockerln" bzw. den oft mit Konfitüre gefüllten Quarkknödeln.

Als spezifisch huzulisches Getränk bevorzugen die Huzulen die *Gusljánka* – ein Sauermilchprodukt (Milch, die durch Zugabe von Sauerrahm gesäuert wird).

Die Deutschen brachten in die galizische Küche die Traditionen der Zubereitung von Fleisch, Wurst und Sülze ein. Einen großen Einfluss übte auch die parallel existierende Küche der galizischen Juden aus, die die berühmten *Zwíkli* (mit Kren zerriebene Rote Rüben, Rezept s. S. 63) erfunden haben – und dies bloß deshalb, weil ihre Speisevorschriften ihnen verboten, Fleischspeisen zusammen mit Milchprodukten zu verzehren, während man sonst in Europa Saucen mit Kren meist mit Obers vermischte.

Die zentral-ukrainische Küche

Die geografische Lage der Zentralukraine trug dazu bei, dass sich auf ihrem Gebiet die kulinarischen Gebräuche des ganzen Landes vereinigten.

Steppen, Wälder und wasserreiche Flüsse erlaubten den Bewohnern dieser Region von alters her, Weizen, Buchweizen und andere Kulturen anzubauen, Beeren und Pilze zu sammeln, große Mengen Fisch zu fangen und Viehzucht zu betreiben. In dieser Region war lange Zeit der Gebrauch von Breien und Teiggerichten vorherrschend. Die Poltawaer *Galuschkí* (Rezept s. S. 110) behaupteten allmählich ihren festen Platz in der ukrainischen Küche.

Mit Beginn des 18. Jahrhunderts kam in der Ukraine die Kartoffel auf, die bis heute eines der Hauptnahrungsmittel geblieben ist und aus der eine Vielzahl von Gerichten zubereitet wird.

Die Ende des 19./Anfang des 20. Jahrhunderts erscheinende, volkskundlich-historische

Zeitschrift *Kíewskaja Stariná* beschrieb das Alltagsleben eines wohlhabenden Kosaken aus der Poltawa-Region folgendermaßen: „Die Truhe war mit Silberrubeln und 10-Rubel-Goldmünzen bis zum Bersten gefüllt, die Kühe gaben viel Milch, die fetten Schweine – nicht nur für den Hausgebrauch, sondern auch für den Verkauf bestimmt – lieferten den üppigsten Speck und im Borschtsch kochte immer Hühnerfleisch. In der Tat gab es bei den Kosaken immer sauber und köstlich zubereitete warme Speisen: Milchbrei, Nudelteigtaschen und zum Abendessen Buchweizenknödel mit Speck ..."

Allmählich übernahm die ukrainische Küche der Zentralregion auch die kulinarischen Traditionen anderer Völker, ohne ihre eigene Originalität einzubüßen.

Die Küche Kiews ist im Grunde nichts anderes als die traditionelle Küche der Zentralukraine. Sie bildete sich im Laufe von Jahrhunderten heraus, wobei die byzantinischen kulinarischen Gepflogenheiten sowie die Annahme des Christentums im Jahre 988 großen Einfluss auf ihre Entwick-

Der Maidan ist der beeindruckende Hauptplatz der ukrainischen Hauptstadt.

lung nahmen. Ein dem ukrainischen Borschtsch ähnliches Gericht war im Übrigen schon bei den Bewohnern des antiken Rom beliebt.

Die südukrainische Küche

Die Küche der Südukraine ist multikulturell, so wie die Region selbst, in der Vertreter von mehr als 100 Nationalitäten – mehr als irgendwo sonst in der Ukraine – leben. Auf der Speisekarte der traditionellen Tafel finden sich Spuren der französischen, griechischen, bulgarischen, italienischen und vor allem der jüdischen Küche wieder – mit einem Wort: ein buntes Gemisch von Kulturen und Gebräuchen. Die griechischen Siedler brachten beispielsweise die Oliven und Melanzanikaviar mit, die Bulgaren *Moussaka* und *Mamalýga* (Rezept s. S. 121); ein polentaartiger Maisbrei, dessen Zubereitung und Bezeichnung den rumänischen Einfluss auf die ukrainische Küche zeigt. Nur wenig unterscheidet dieses südukrainische Gericht vom westukrainischen *Bánosch*), *Brýndsja* und Schwartenbauchfleisch kamen aus der moldauischen Küche in die Ukraine.

Fleisch- und Gemüsegerichte bilden die Grundlage der südukrainischen Küche. Täglich kommen Tomaten auf den Tisch – sie werden frisch, gesalzen, getrocknet, mariniert, eingemacht oder in Form von Saft oder Saucen serviert. Es gibt wohl in ganz Cherson keine Hausfrau, die beim Kochen keine Tomaten verwenden würde. In dieser Region hat sich sogar die Sitte eingelebt, Tomaten in Tomatensaft zu konservieren, während in anderen Gebieten der Ukraine hierfür Wasser mit Gewürzen verwendet wird.

Eines der beliebtesten Rezepte von Hausfrauen aus Cherson sind gefüllte Paprika mit Schmelzkäse, Knoblauch, Dill, Petersilie und Mayonnaise. Alle Zutaten werden zu einer einheitlichen Masse verrührt, gekühlt und damit die Paprikaschoten befüllt, welche anschließend in dünne Scheiben

geschnitten werden. Auf dem Teller werden dann akkurat und kunstvoll die dünnen Scheiben mit dem roten Paprikarand ausgelegt und mit dem im Süden traditionell üblichen alkoholischen Getränk – dem Wodka – serviert.

Im Süden zählen zu den beliebtesten Zutaten für vielerlei Vorspeisen die Melanzani oder – wie sie die Südukrainer liebevoll nennen – die „Bläulichen". Die Siegespalme trägt dabei unter den Melanzanispeisen zweifellos der Melanzanikaviar davon – ein obligatorisches Element aller Speisetafeln.

Für viele wird es auch eine Entdeckung sein, dass Odessa die Heimat des allseits beliebten russischen Gerichtes Bœuf Stroganoff ist. Gebratene Fleischstücke in Oberssauce werden hier mit einer schlichten Beilage garniert – mit Kartoffel- oder Buchweizenbrei. In den Pausen zwischen den Hauptgängen isst man in Odessa *Pschónka* (gekochte junge Maiskolben), Krustentiere (Schwarzmeer-Garnelen), geröstete Sonnenblumenkerne und schwach gesalzene Sprotten.

Fisch erfreut sich im Süden besonders großer Nachfrage. Während man in Odessa gerne *Forschmák* (Rezept s. S. 58) und *Gefílte Fisch* (ein ebenso typisch jüdisches Gericht) genießt, wird in Mykolajiw dagegen Karpfen gebraten oder eingelegt, in Cherson wiederum geräucherter Hering fein gehackt und mit Buchweizen vermengt.

Odessa ist auch heute noch eine Stadt der kulinarischen Genüsse – viele Straßenlokale bieten eine Vielzahl landestypischer Gerichte an.

Das Opernhaus von Odessa wurde in den 1880er Jahren von den Wiener Architekten Fellner & Helmer errichtet, die u. a. auch das Opernhaus in Graz, das Schauspielhaus in Hamburg, die Komische Oper in Berlin und das Volkstheater in Wien errichteten.

Melanzanikaviar

ZUTATEN

1,5 kg Melanzani · 200 g Zwiebeln · 300 g Paprikaschoten · 300 g Tomaten 50 ml Pflanzenöl · 6 Knoblauchzehen · frisches Korianderkraut · Petersilie oder Basilikum · Zucker nach Geschmack · Salz · schwarzer gemahlener Pfeffer

ZUBEREITUNG

- Die Melanzani waschen und längs in zwei Hälften schneiden, diese auf ein Backblech legen und mit Pflanzenöl bestreichen, anschließend im auf 230–250 °C vorgeheizten Backofen etwa 20 Minuten lang braten.
- Die gegarten Melanzani leicht abkühlen lassen und die Haut entfernen. Das Fruchtfleisch der Melanzani mit dem Messer fein hacken.
- Die Zwiebeln schälen und klein schneiden. Die Paprikaschoten waschen, vom Kerngehäuse befreien und in kleine Würfel schneiden.
- Von den Tomaten die Haut abziehen, anschließend mit dem Pürierstab zerkleinern.
- In einer dickwandigen Bratpfanne Pflanzenöl erhitzen, die Zwiebeln darin 2 Minuten lang anbraten, die Paprikawürfel hinzugeben und unter Umrühren 5–7 Minuten anbraten.
- Zu den Zwiebeln und den Paprikawürfeln die Tomatenmasse hinzugeben, umrühren und bei schwacher Hitzezufuhr und unter gelegentlichem Umrühren 5 Minuten lang garen. Schließlich die fein gehackten Melanzani hinzugeben, umrühren und unter gelegentlichem Umrühren 5–7 Minuten lang dünsten.
- Den Knoblauch schälen und durch die Knoblauchpresse drücken. Die frischen Kräuter waschen, mit Küchenpapier abtupfen und fein hacken.
- Zur Melanzanimasse den Knoblauch, die fein gehackten frischen Kräuter und etwas Zucker hinzugeben, salzen und pfeffern. Alles umrühren und nochmals 5–7 Minuten lang dünsten, danach auskühlen lassen und kalt servieren.

Die weitgehend flachen Landstriche der Ostukraine eignen sich gut für den Anbau von Getreide.

Aus ungesäuertem Teig werden in der Ostukraine Brotfladen auch direkt über der Glut gebacken.

Die ostukrainische Küche

Die Küche der ostukrainischen Gebiete wurde vom kulturellen Einfluss des Russischen Reiches, zu dessen Bestand dieser Landesteil einst gehörte, aber auch von der geografischen Lage und den örtlichen Witterungsbedingungen geprägt. Folglich nahmen die gegenwärtigen gastronomischen Gewohnheiten der Ostukraine Züge der typischen Küche der Zuwanderer aus den südlichen Provinzen Russlands an, die sich an die alteingesessene Bevölkerung assimiliert hatten, aber auch von Vertretern des Osmanischen Reiches und Griechenlands, die durch das südliche Einfallstor in die Ukraine eingesickert waren.

Die Landwirtschaft der Gebiete Lugansk, Donezk, Saporischschja und Charkiw, die zur Ostukraine gehören, basiert auf dem Anbau von Getreide- (Winterweizen, Mais) und Pflanzenöl-Kulturen (Sonnenblumen). Die Schwarzerden des Donezkbeckens ermöglichen die Konzentration auf den Anbau von Rüben sowie von Obst- und Beeren-Kulturen. Die natürlichen Bedingungen des Saporischschja-Gebietes erlauben den Anbau von Melonen, Kürbissen und anderen Gemüsen. Die Viehzucht erstreckt sich auf Fleisch- und Milchrinder, Geflügel- und Schweinehaltung. Durch die Ostukraine fließt als bedeutendster Strom ein Nebenfluss des Don – der Siwerskyj Donez. Daher werden wie im 18. Jahrhundert – zu Zeiten der Saporoger Kosaken – auch heute traditionell viele Gerichte aus Fisch zubereitet.

Die ostukrainische Küche trägt zweifellos ähnliche Züge wie die westukrainische Kochkunst, dabei hebt sie sich aber von jener durch eine Reihe von Besonderheiten ab. Die Speisen der Regionen von Charkiw und Lugansk ähneln denen Galiziens und Wolhyniens gar nicht, sondern weisen weitaus mehr Merkmale der russischen Küche auf.

Der ostukrainischen Küche ist die reichliche Verwendung von Eiern eigen: Sie dienen als Grundlage für verschiedene Arten von Backwaren und süßen Desserts. Die beliebteste Teigart für Mehlerzeugnisse ist der ungesäuerte Teig in all seinen Modifikationen: süßer Plunder- und Strudelteig, Mürbteig usw. Daraus werden *Galuschkí* (Rezept s. S. 110), *Waréniki* (Rezepte s. S. 119/120 und 129/130), *Lemíschki* (eine breiartige Buchweizen-Mehlspeise mit Speck), *Schulíki* (Gebäck aus ungesäuertem Weizenteig, welches mit einem Honig-Mohn-Sirup übergossen wird (Rezept s. S. 154), hart gebackene Fladen und *Werguný* (Rezept s. S. 155) zubereitet.

Das beliebteste Korn ist hier die Hirse, die für die Zubereitung von sättigenden und kalorienreichen Breien und Vorspeisen verwendet wird. Buchweizenmehl wird mit Weizenmehl vermischt, um daraus *Gretschániki* (Rezept s. S. 46) zu backen. Die traditionellen Gerichte aus Hefeteig, *Pampúschki* (Rezept s. S. 27), gekochte bzw. gedämpfte (Mohn-)Kringel, *Kalínniki* (ein althergebrachtes Roggenfladenbrot aus Schneeballbeerenmehl, d. h. Mehl mit dem Zusatz von getrockneten, gemahlenen Schneeballbeeren, ohne Füllung), der Osterkuchen *Kulítsch* (Rezept s. S. 170) und der Hochzeitsbrotkuchen *Karawáj* (Rezept s. S. 168) werden aus Weizenmehl gebacken.

Unter den Gewürzen, Kräutern und Zutaten werden in der Ostukraine am häufigsten Dill, Zwiebel, Knoblauch, Kreuzkümmel, Anis, Liebstöckel und rote Peperoni (Chilischoten) verwendet.

Die Fettbasis für die Zubereitung vieler Gerichte bilden Schweinespeck und Sonnenblumenöl: Nicht umsonst sind alle östlichen Gebiete des Landes auf den Anbau von Sonnenblumen spezialisiert.

Historisch und geografisch bedingt weist die ostukrainische Küche mehr Ähnlichkeiten mit der Russlands auf als mit jener in den westlichen Landesteilen.

Ukrainische Spezialitäten

Gemüse

Einen bedeutenden Anteil an der ukrainischen Küche haben die Gemüsegerichte. Der Gebrauch von viel Gemüse ist überhaupt für alle slawischen Küchen typisch. Kartoffeln, Kraut, Rote Rüben, Zucchini, Karotten, Gurken, Tomaten und Radieschen werden sowohl als Bestandteil von Speisen mit aufwendigen Rezepten als auch in Salaten und als Beilagen zu Hauptgerichten üppig verwendet, wodurch sich der Gehalt an Vitaminen und Nährstoffen pro Portion bemerkenswert erhöht. Aufgrund der schonenden Zubereitungsmethoden behalten die Gemüse ihre nützlichen Eigenschaften. Gerichte wie Kürbisgrießbrei, Kürbis mit Wegerich, Salzkartoffeln mit Knoblauch, in Sauerrahm gedünstete Rote Rüben, Kartoffelauflauf mit Käse und Kartoffelpuffer, welche die Palette der Geschmacksrichtungen bereichern, sind aus der modernen ukrainischen Küche nicht mehr wegzudenken.

In vielen ländlichen Gebieten der Ukraine bieten Kinder am Straßenrand Obst, Gemüse, selbst gemachte Konfitüren und andere Produkte an.

Seit dem Aufkommen der Kartoffel in der Ukraine wurde sie zu einem festen Bestandteil einer Vielzahl von Gerichten. Kartoffeln werden gekocht, gebacken, gebraten und als Zutat für Suppen und Eintöpfe wie dem Borschtsch verwendet. Es werden ebenso eigenständige Kartoffelgerichte zubereitet wie auch Kartoffelfüllungen für Piroggen und Nudelteigtaschen. Ein typisch ukrainisches Gericht sind die *Deruný* (Kartoffelpuffer; Rezept s. S. 117).

Die Ukraine war immer schon ein wesentliches Zentrum des Rübenanbaus. Die Rote Rübe ist seit alters her ein fester Bestandteil der Tagesration eines jeden Ukrainers. Sie wird nicht nur frisch, sondern auch im gesäuerten und marinierten Zustand verwendet. Die Hausfrauen gebrauchten Rote Rüben nicht nur für verschiedene Speisen, sondern auch als Heilmittel und Mittel zur Schönheitspflege. Denn neben seinem hervorragenden Geschmack enthält dieses Gemüse Kalium, Ballaststoffe, Folsäure, zahlreiche Vitamine und Mineralstoffe, welche eine positive Wirkung auf die Verdauung, den Blutkreislauf und das allgemeine Wohlbefinden haben.

Typisch für die Ukraine ist auch die umfangreiche Verwendung von Kürbis. Dieser enthält große Mengen an Kalzium, Kalium, Magnesium, Eisen und verschiedenen Vitaminen. Da der Kürbis die Fettverbrennung anregt, ist er eine gute Ergänzung zu fetten Fleischspeisen. Am häufigsten wird er für die Zubereitung von Süßspeisen verwendet, zum Beispiel für Kürbisbrei, Gebäck, süßen Kuchen mit Kürbis und getrockneten Marillen und sogar für Kürbiskonfitüre. Sehr gesund ist der Kürbissaft, der häufig in verschiedenen Diäten zum Abnehmen eingenommen wird. Er trägt zur schnellen Entfernung von Salzen und überschüssiger Flüssigkeit aus dem Organismus bei und verbessert die Funktion von Leber und Nieren. Kürbisgesichtsmasken verbessern die Hautfarbe, lindern Schwellungen und stimulieren Regenerationsprozesse der Haut.

Während einige Tausend Großbetriebe die landwirtschaftliche Produktion der Ukraine dominieren, existieren nach wie vor viele kleine und kleinste Agrarbetriebe, die allenfalls für den regionalen Markt produzieren.

In der Ukraine werden verschiedene Sorten von Speise- und Futterkürbissen angebaut. Es werden drei Arten kultiviert: der gewöhnliche Gartenkürbis (*Cucurbita pepo*), der Riesenkürbis (*Cucurbita maxima*) und der Moschus-Kürbis (*Cucurbita moschata*).

Obst und Konfitüre

Eine ukrainische Tafel ist ohne Obst nicht denkbar: Äpfel, Kirschen, Pflaumen, Melonen, Moosbeeren, Preiselbeeren, Himbeeren und Maulbeeren – um nur einige wenige aufzuzählen – kommen in der Ukraine auf den Tisch. Aus Obst werden Kompotte zubereitet, es wird Salaten und Breien beigefügt, es wird als Zutat für diverse Kuchen und Mehlspeisen verwendet und eingemacht.

Seit Menschengedenken sind Beeren eine der verfügbarsten und zugleich gesündesten Leckereien. Wald- und Feldbeeren wurden den ganzen Sommer über gesammelt, getrocknet und den ganzen Winter über verwendet, indem man sie Breien, Kompotten und Salaten beigab. Aus Beeren und Äpfeln wurde *Powídlo* gekocht, ein typisch ukrainisches Dessert und Pendant zum russischen *Warénje* sowie zu Marmelade und Konfitüre in den westeuropäischen Ländern.

Im begünstigten Klima der Krim wird viel Obst kultiviert.

Die Hauptanforderung an *Warénje* ist, dass die enthaltenen Früchte ihre Form behalten müssen. Daher wird *Warénje* nicht lange gekocht und der Kochvorgang manchmal mehrfach durch Abkühlphasen unterbrochen. *Warénje* kann sowohl ganz dünnflüssig als auch sehr dickflüssig sein.

Powídlo wird durch Einkochen von Fruchtpüree mit Zucker gewonnen. Ganze Beeren oder Früchte oder sogar nur Stücke davon kann es darin nicht geben.

Der Zuckergehalt in einem fertigen *Powídlo* darf nicht weniger als 60 Prozent betragen. Eine Besonderheit seiner Zubereitung besteht darin, dass der Zucker erst am Ende des Kochvorgangs des Fruchtpürees hinzugegeben wird. Dadurch erhält das Fruchtpüree eine helle Färbung und bewahrt Geschmack und Aroma der Beeren und Früchte.

Bauernmarkt in Czernowitz

Heute importiert die Ukraine bedeutende Mengen von tropischen Obstsorten und Früchten, so etwa jährlich mehr als 300.000 Tonnen Zitrusfrüchte (aus der Türkei, aus Ägypten, Georgien, Spanien und anderen Ländern) und mehr als 200.000 Tonnen Bananen (vorwiegend aus Ecuador). Außerdem ist die Einfuhr von Äpfeln und Birnen – vor allem aus Polen – gestiegen.

Unangefochtener Favorit der ukrainischen Verbraucher ist immer noch der Apfel; an zweiter Stelle folgen die Zitrusfrüchte. Den Kreis der drei führenden Obstarten in der Beliebtheitsskala rundet die Banane ab, die allerdings in der letzten Zeit bei den Ukrainern an Popularität wieder eingebüßt hat. Weintrauben befinden sich in der Rangliste der beliebtesten Obst- und Beerensorten ebenfalls auf einem vorderen Platz.

Eine andere traditionell beliebte Leckerei sind die Wasser- und Zuckermelonen. 70 Prozent der ukrainischen Wasser- und Zuckermelonen werden im Süden des Landes angebaut. Führend ist dabei das Gebiet Cherson; ihm folgen die Gebiete Odessa, Mykolajiw und Saporischschja. 30 Prozent liefern die Gebiete Kirowograd, Dnipropetrowsk, Winnyzja und Kiew auf den Binnenmarkt. Die Verkaufssaison für Wasser- und Zuckermelonen in der Ukraine dauert von Juli bis Oktober.

Fleisch und Milchprodukte

Die Ukrainer führten zahlreiche Verteidigungskriege gegen Eindringlinge aus dem Kaukasus oder aus Asien, aber ebenso gegen die Türken, d. h. zuallermeist gegen Muslime, die ihnen die Rinder von der Weide wegtrieben und das heimische Geflügel wegnahmen und schächteten. Damit die Fremdgläubigen das Vieh nicht weiter beschlagnahmten, kamen die Saporoger Kosaken auf eine schlaue Idee: Sie machten sich den religiösen Hintergrund der angreifenden Muslime zunutze und hielten fast nur noch Schweine. An Letzteren hatten die Räuber keinerlei Interesse, denn Schweinefleisch galt nach dem Koran als unrein, und sein Verzehr war ihnen verboten. Dies gab den Ukrainern die Möglichkeit, aufgrund der Essgewohnheiten ihrer Feinde zu überleben. So wurde in Luzk dem Schwein ein

Gerade in den westlichen Landesteilen der Ukraine halten viele Bauern nicht mehr als ein oder zwei Kühe. Die hauseigene Produktion von Sauermilchprodukten ist nach wie vor weit verbreitet.

Denkmal gesetzt, weil es in der schweren Zeit das ukrainische Volk „genährt" hat. Schweinefleisch wird in der Ukraine für die Zubereitung der unterschiedlichsten Gerichte verwendet, das saftige und zarte Fleisch des Schweins ist weitaus weicher als Rind- oder Lammfleisch.

Die Verwendung von Rindfleisch war in der Ukraine schon historisch bedingt nicht sehr groß:

Ochsen wurden als Arbeitstiere gebraucht und ihr Fleisch rangierte seinen kulinarischen Qualitäten nach weit hinter dem Schweinefleisch. Die Kuh diente hauptsächlich der Milchgewinnung: Aus Kuhmilch wurden Butter, Topfen, Käse, Sauerrahm, *Kissél* (Rezepte s. S. 146 und 147) und die Sauermilchprodukte *Rjázhenka* und *Warenjéz* hergestellt.

Rjázhenka

ZUTATEN

1 l Milch · 1 Esslöffel Sauerrahm

ZUBEREITUNG

- Frische Milch im Ofen bei einer Temperatur von höchstens 90 °C 1,5–2 Stunden lang schmoren lassen, bis die Milch eine zart beige Farbe annimmt.
- Danach auf eine Temperatur von annähernd 37 °C abkühlen lassen, einen Esslöffel (vorzugsweise hausgemachten) Sauerrahm hinzugeben, sorgfältig umrühren und mit einem Deckel abgedeckt an einen warmen Ort stellen. Binnen 8–9 Stunden ist die *Rjázhenka* fertig.
- Bei der nächsten Zubereitung von *Rjázhenka* kann man anstelle des Sauerrahms einen Esslöffel *Rjázhenka* zur Milch hinzugeben.

Warenjéz

ZUTATEN

1,5 l Milch · 350 ml Obers · 150 ml Sauerrahm · 1 Esslöffel Zucker · 1 Eigelb

ZUBEREITUNG

- Im langsam erkaltenden Ofen soll die Milch mit dem Obers köcheln, bis ein Drittel der Flüssigkeit verdampft ist.
- Die sich bildende Milchhaut sinkt dabei immer wieder auf den Boden des Topfes ab. Schließlich den entstandenen Milchschaum abschöpfen und die deutlich rot-braune Milch auf 40 °C abkühlen lassen, währenddessen Sauerrahm, Zucker und Eigelb miteinander verrühren, in die Milch gießen und mit einem Schneebesen verquirlen.
- Das erhaltene Gemisch auf Gläser verteilen und in jedes etwas Milchschaum füllen. Anschließend die Gläser bei 40 °C im Ofen (oder in einem Joghurtbereiter) für 3,5 Stunden weiterdämpfen. Die Gläser herausnehmen, den Deckel zuschrauben und für mindestens 1 Stunde in den Kühlschrank stellen.

Markthalle für Fleisch in Yalta

In der Ukraine werden alle Fleischteile verwertet, auch solche, die in Westeuropa kaum Verwendung finden.

Aromen, Kräuter und Gewürze

Praktisch alles, was ringsum wuchs und leicht verfügbar war, fand Eingang in die ukrainische Küche. Aus den Samen der Sonnenblume und aus Maissamen wurde Öl gepresst. Aus Apfelsaft wurde Essig gewonnen. Ein besonders geschätztes Gewürz war der Knoblauch.

Pampúschki (Rezept s. S. 27) mit Knoblauch zum Borschtsch sind ein Gericht, welches einzig die ukrainische Küche kennt. Speck mit Knoblauch, in einem Mörser zerstoßen, gilt als obligatorische Zutat des ukrainischen Borschtsch, auch heute noch. Dill wurde traditionell in Salaten und Suppen, in Hauptgerichten aus Fleisch und Fisch sowie für Eingesalzenes verwendet. Dillsamen werden zum Backen von Krapfen und Fladen verwendet; sie werden Suppen, Marinaden, Bouillons sowie Gerichten aus gekochtem Fisch beigefügt. Die Petersilie dient dank ihres zarten Aromas und unaufdringlichen Geschmacks als universell anzuwendendes Gewürz, welches in praktisch allen herzhaften Speisen zum Einsatz kommt, da es auch mit anderen Gewürzen kombiniert werden kann. Petersilie wird auch gerne zum Garnieren von Speisen verwendet.

Kren wird für dickflüssige kalte Dip-Saucen zu Wild, Sülze und Schinken sowie in Marinaden verwendet. Piment, der vom Geschmack her an eine Mischung aus schwarzem Pfeffer, Gewürznelke und Zimt erinnert, wird für allerlei Marinaden und zur Aromatisierung von Gerichten aus gebratenem Wildfleisch gebraucht. Gemahlen wird es Suppen, Saucen und auch Reis beigefügt.

Liebstöckel ist eine Lieblingszutat der ukrainischen Küche. Als Gewürz werden sowohl seine Blätter als auch seine Wurzel wie auch seine Früchte verwendet. Die Blätter werden Rindssuppen, Borschtsch, Saucen, Salaten, Gebratenem und Gemüsen beigefügt. Die Früchte dienen als Würze für Marinaden und Eingesalzenes sowie zur Bestreuung von Brot und Käsegebäck. Aus der Wurzel wird Suppengewürz gewonnen, aus den Stängeln unter Beifügung von Zucker Sukkaden hergestellt.

In der ukrainischen Küche werden auch sehr gerne grüne Korianderblätter für Salate oder zum Bestreuen von Schaschlik verwendet.

Derzeit findet Rindfleisch in den Rezepten der ukrainischen Küche ziemlich breite Verwendung. Lammfleisch wurde dagegen in der Ukraine nicht heimisch, dafür aber kommen Geflügel und Eier in ukrainischen Rezepten ständig vor. Außerdem kennt die ukrainische Küche auch Ziegen-, Gänse-, Birkhuhn-, Enten-, Tauben- und Haselhuhnfleisch.

Auf Bauernhöfen wurden stets Schweine, Kühe, Enten, Gänse, Hühner und Kaninchen gehalten. Von November bis März wurden Schweine geschlachtet, denn gerade ihr Fleisch war die Nahrungsgrundlage in den Wintermonaten. Daher gab es im Spätherbst und Winter früher eine Fülle von Fleischgerichten. Im Frühling, Sommer und Frühherbst hingegen war vor allem der Verzehr von Geflügelfleisch, Gemüse und Mehlspeisen üblich. Dementsprechend waren gerade die „Fleischmonate" die günstigste Zeit für festliche Ereignisse wie eine Hochzeit.

Praktisch das gesamte ausgeweidete Schwein fand in traditionellen Gerichten Verwendung. Der Schweinekopf und die Schweinshaxen wurden für die Zubereitung von Sülze, Sülzwurst (Presskopf, Presssack) und Pressfleisch verwendet. Der Schweinespeck wurde in Holzkisten oder -fässern gepökelt bzw. in Salzlake eingelegt. Das Schweineblut wurde in der Pfanne gebraten (Blutpudding) und diente gleichzeitig als Grundlage für Blutwurst. Der Schweinemagen wurde mit Getreidegrützen oder Faschiertem gefüllt – in der Ukraine nannte man dieses Gericht *Kówbyk*. Alle Sülz- und Presswürste wie auch den gefüllten Schweinemagen stach man an mehreren Stellen mit einer Nadel an, damit sie nicht aufplatzten und Luft durchließen. Lunge, Herz und Leber wurden für Piroggenfüllungen verwendet. Schweinedarm für Wurst wurde für 24 Stunden in Salzwasser eingelegt, damit er gründlich gereinigt war. Danach wurde er mit dem Messer so lange ausgeschabt, bis er durch-

sichtig und sehr dünn wurde. Der dünne Darm wurde für die Herstellung von Blutwurst sodann mit Schweineblut, vermengt mit Milch und fein gehacktem Schweinespeck, gefüllt. Für die Zubereitung von gewöhnlicher Wurst verwendete man dicken Darm und füllte ihn mit kleinen Stücken Speck und Fleisch. Gewürze wurden hierfür je nach Geschmack ausgewählt und dosiert. Die Würste wurden gekocht, gebraten oder im Ofen gegart. Zur Aufbewahrung wurden sie an Balken aufgehängt oder in speziellen Tontöpfen (*glétschiki*) in Schmalz eingebettet. Die Aufbewahrungsmethode war von der Jahreszeit abhängig. Bis zum heutigen Tag gelten Hausmacherwürste (Rezept s. S. 55) als beliebte ukrainische Delikatesse.

Dill, Koriander, Liebstöckel und Petersilie sind die liebsten Küchenkräuter der Ukrainer.

Kleine gebackene Fische sind ein beliebter Imbiss zum Bier.

Der Stör ist nach wie vor ein weit verbreiteter Fisch, nicht nur geschmacklich, auch hinsichtlich seiner Nährstoffe ein überaus wertvolles Nahrungsmittel. Sogar seine Knorpel und die Wirbelsäule können nach der Zubereitung mitgegessen werden.

Fisch

Einen bedeutenden Platz in der ukrainischen Küche nimmt der Fisch ein. *„Bylá by rýba, a chleb najdjótsja"* (Wenn es nur Fisch gäbe, Brot wird sich schon finden) oder *„Choróscheje djélo karásj – chotj nje pojésch, to prodásch"* (Die Karausche ist ein nützlich Ding, isst du sie nicht, kannst du sie immer noch verkaufen) – so lauten ukrainische Sprichwörter. Köstliche Gerichte werden aus Barsch, Karpfen, Karausche, Schleie, Flussgründling, Zander, Hecht, Wels und Kaulbarsch zubereitet. Diese Fische werden gekocht, gedünstet, gebraten und gebacken. Fisch kommt auch bei verschiedenen kalten Vorspeisen, Füllungen für Piroggen und fein gehackt in Aspikspeisen zum Einsatz.

Beliebte Gerichte aus Fisch sind Karausche in Sauerrahm, Fischrollen (*krutschéniki, sawiwánzi*), Karpfen mit Honig, Fischrouladen *(ruléty)*, Fischlaibchen (*ssitschéniki*) und Fischknödel (*towtschéniki*).

Der Stör galt früher wegen seines zarten Geschmacks als „Zarenspeise". Die Lage hat sich insofern zum Besseren gewendet, als sich heute viele den Verzehr von Störfleisch in verschiedenen Gerichten – auch als Alltagsspeise – leisten können. Oft kann man hören, dass die Leute den Stör „roten Fisch" nennen. Bei seiner Zubereitung erweist sich aber, dass das Fleisch eine weiße Farbe hat. Dieser scheinbare Irrtum hängt damit zusammen, dass die Menschen im ostslawischen Raum schon seit alter Zeit alles Wertvolle und Schöne als „rot"[1] bezeichneten. Das Fleisch des Störs ist nicht nur aufgrund seiner Nährstoffzusammensetzung wertvoll, sondern auch wegen seiner geschmacklichen Qualitäten. Es weist eine hohe biologische Wertigkeit auf, da es ganze Komplexe wichtiger Aminosäuren, essenzieller Fettsäuren, Vitamine und Mineralstoffe enthält. Das Störfleisch enthält auch Glutaminsäure, weshalb es von einzigartigem Geschmack ist, der an Fleisch erinnert. Es hat einen hohen Gehalt an mehrfach ungesättigten Fettsäuren, an schwefelhaltigen Säuren, sogar solch wertvoller wie der Eicosapentaensäure und der Docosahexaensäure im idealen Verhältnis

für die Prophylaxe gegen Atherosklerose. Im Fischfett sind Stoffe enthalten, die auf Hirn und Herz des Menschen wie Balsam wirken. Der Fettgehalt des Störs ist moderat, wobei die Anzahl der Fette und der Kaloriengehalt ausgeglichen sind. Für den regelmäßigen Verzehr ist dieser Fisch daher ideal geeignet.

In der ukrainischen Kochkunst schätzt man den Stör aber nicht nur aufgrund der Qualität seines Fleisches, sondern auch deshalb, weil dieser Fisch nur sehr wenige nicht essbare Anteile hat – nicht mehr als 14 Prozent. Schließlich werden die Knorpel und die Wirbelsäule (*Chorda*) des Störs auch mitgegessen. Zudem verliert diese Fischart bei der Wärmebehandlung verhältnismäßig wenig an Gewicht.

Stör, Sterlet und Hausen (alle drei gehören zu einer Familie) kann man kochen, braten, für Laibchen fein hacken, aus ihnen eine Fischsuppe kochen und vieles mehr.

Krebse

Krebse (oder „Flusshummer", wie sie in der Ukraine auch genannt werden) sind seit alters her eine herkömmliche ukrainische Speise. Sie waren ein untrügliches Kennzeichen der Kloster-, Soldaten-, aber auch der aristokratischen Küche.

Während Störkaviar heute auch in der Ukraine als seltenes und teures Produkt gilt, ist Lachskaviar weit verbreitet. Als Imbiss zum Wodka auf ein Butterbrot gestreut ist er ebenso beliebt wie mit *Bliní* (also kleinen Palatschinken) und Sauerrahm schon zum Frühstück.

Flusskrebse sind heute noch sehr häufig in der Ukraine und werden gerne als Imbiss zum Bier genommen, jedoch ist dies nicht der einzige Bereich ihrer kulinarischen Verwendung. Die Rezepte mit Krebsen sind zahlreich und vielfältig: Es handelt sich um Suppen, Wok-Gerichte, Salate, Gebackenes, Juliennes[2] und Pasta-Gerichte.

Das Fleisch befindet sich im Wesentlichen im Schwanz des Flusshummers und macht etwa ein Fünftel seines Gesamtgewichtes aus. Nur wenig Fleisch befindet sich in den Krebsscheren und noch weniger in den Beinpaaren, obwohl Kenner auch gerne das Körperfleisch des Hummers (das, was unter dem Panzer ist) und seinen Rogen verzehren.

Vor dem Kochen der Krebstiere hält man sie manchmal in Milch, um ihren Darm zu entleeren und um sie in einen schläfrigen Zustand zu versetzen. Meistens kocht man die Hummer direkt mit dem Panzer. Man wirft sie unter Zugabe einer großen Menge von Dill und anderen Gewürzen in kleinen Mengen in brodelnd siedendes Salzwasser. In einem 4-Liter-Topf kann man gleichzeitig nicht mehr als 8–10 Stück mittlerer Größe kochen. Wenn man Hummersuppe zubereiten will, werden die Krebstiere 4–5 Minuten lang gekocht. Wenn man sie dagegen als „Imbiss zu Bier" essen will, müssen sie 7–8 Minuten kochen, dann nimmt man sie vom Herd und lässt sie noch etwa 10 Minuten – mit einem Deckel zugedeckt oder auch nicht – stehen.

---

1 *Krásnyj* („rot"), *krassíwyj* („schön"), *kráska* („Farbe"), *krassá* („Schönheit") usw. sind wortverwandt.

2 Juliennes (ukr. *zhuljén*, russ. *zhjuljén*) ist der Fachbegriff für eine beim Kochen verwendete Schneideart von jungem Gemüse in sehr feinen Streifen (bei Wurzelfrüchten) und in dünne Ringe (bei Zwiebeln und Tomaten), was den Garprozess beschleunigt. Juliennes eignen sich als Einlage, als Gemüsebett, etwa beim Dünsten, oder einfach als dekorative Beilage oder Garnitur für Saucen, Suppen, Fisch- und Fleischspeisen. In der modernen ukrainischen und russischen Küche wird mit diesem Namen ein Gericht aus fein geschnittenen Pilzen, aber auch aus Hühnerfleisch oder Meeresfrüchten bezeichnet, die in Obers- oder Béchamelsauce unter einer Käsekruste in einer kleinen Metallkokotte eingebacken sind.

Kornkulturen

Schon seit jeher wurde auf den meisten Ackerflächen der Ukraine Roggen angebaut. Nur im Süden waren große Kornanbauflächen dem Weizen vorbehalten. Zu Beginn des 20. Jahrhunderts gewann der Weizen jedoch wesentlich an Bedeutung und nahm bereits etwa ein Drittel der Saatflächen ein. Daneben wurden Buchweizen, Hirse, Gerste, Hafer, Hülsenfrüchte wie Erbsen und Bohnen sowie die Öl spendenden Pflanzen Hanf, Flachs und Mohn angebaut. Später fand auch die Sonnenblume Verbreitung. Ende des 19. und Anfang des 20. Jahrhunderts verbreitete sich über das ganze Gebiet der Ukraine auch der Mais, obwohl er bei der Ernährung keine sonderlich bemerkenswerte Rolle spielt.

> ## PIROGGEN UND PIROSCHKI
> Piroggen sind in der ukrainischen Küche kuchenartige Teigtaschen, meist tortengroß, die mit Fleisch, Fisch, Pilzen, Gemüse, aber auch allen Arten von Früchten oder Nüssen gefüllt sind. Piroggen können ganz geschlossen oder (ähnlich wie bei einer Quiche) oben offen sein.
> Auch Piroschki sind immer gefüllt, aber stets ganz geschlossen und deutlich kleiner als die Piroggen, etwa brötchengroß.

Buchweizen

Der Gemeine Buchweizen gehört zur selben Familie der Knöterichgewächse wie der Rhabarber und der Sauerampfer, dessen Anbau in der Ukraine seit jeher weit verbreitet war. Die alten Slawen hielten den Buchweizenbrei für ein Heldenessen. In die Kiewer Rus gelangte der Buchweizen aus Griechenland. Als Urheimat des Buchweizens wird jedoch das Himalaja-Hochgebirge angenommen, wo man auch heute noch ganze Wiesenflächen mit wildem Buchweizen vorfindet.

Káscha aus Buchweizen ist ein in der Ukraine sehr beliebtes Gericht, für das Frühstück, als Füllung für Geflügelgerichte oder auch als Beilage.

Seinen Titel „Königin der Kornkulturen" hat der Buchweizen nicht ohne Grund erhalten, enthält er doch einen ganzen Schatz an Vitaminen, der durch Mikro- und Makronährstoffe, vollwertige Proteine, die für ein gesundes und erfülltes Leben des Menschen notwendig sind, ergänzt wird. Buchweizen bricht mit seinem hohen Anteil an Mineralstoffen alle Rekorde: Er enthält Jod, Kupfer, Eisen, Phosphor, Zink, Kalzium und Mangan, aber ebenso Ballaststoffe, Kohlenhydrate und Aminosäuren. Nach dem Gehalt an Eiweiß kann es der Buchweizen leicht mit Fleisch aufnehmen. Im Buchweizen sind zudem die organischen Säuren Zitronensäure, Maleinsäure, Oxalsäure und Linolensäure enthalten.

Káscha

> Jede Form von gekochtem Getreide wird in der Ukraine als *Káscha* bezeichnet:
> Buchweizen wird meist im Ganzen gekocht, ebenso Rollgerste (Graupen) und Weizen etwa für das traditionelle Weihnachtsgericht *Kútja* (Rezept s. S. 174).
> Aber auch Gerichte aus Haferflocken oder aus Maisgrieß wie *Bánosch* bzw. *Mamalýga* (s. S. 121) werden in der Ukraine als *Káscha* bezeichnet.

Gekochtes Getreide im Ganzen, oder gemahlen als Grützen und Brei, aßen die Ukrainer wie Fleisch immer und überall – mit Speck vermischt, gesalzen oder süß, mit Wasser oder Milch gekocht. In der Ukraine ist die *Káscha* meist fest und krümelig. Aber auch der flüssige Brei ist ziemlich weit verbreitet. Besonders beliebt ist Buchweizen, obwohl andere Getreidearten wie Hirse, Gerste, Hafer und natürlich auch Mais nicht weniger verbreitet sind. Maisbrei kochte man seit alter Zeit im Süden der Ukraine, während die Bewohner der Karpaten und Polesiens den Haferbrei bevorzugten und die Bewohner des Dnjeprgebiets in der Zentralukraine und in Saporischschja mit Gerstengrütze aufwuchsen. Vor der Zubereitung werden Gerste, Hirse und Mais gewaschen, Buchweizen und Hafer werden braun geröstet. Die Zubereitung von Grützen und Breien birgt keine besonderen Geheimnisse: Saubere, ganze Körner (ohne Schale, Hüllspelzen und Bruchstücke) oder aber mehr oder weniger fein geschrotetes Getreide, Wasser, etwas Salz und viel Butter – das sind schon alle Zutaten einer guten Grütze oder eines guten Breis. Wie gesagt sparen die Ukrainer nicht mit Butter. „Wenig Butter – ein schlechter Brei": Dieser alte Grundsatz macht – jenseits aller Diät – dieses nahrhafte und trotzdem

gesunde Gericht zum Genuss! Weitere Zutaten sind – abgesehen von Salz oder Zucker – dem eigenen Geschmack und den persönlichen Vorlieben überlassen: Buchweizengrütze mit Pilzen, Hirsebrei mit Kürbis, Weizenbrei mit Speck, Reisbrei mit Gewürzen, Maisbrei mit Käse – Varianten gibt es unzählbar viele. Man muss nur seine Lieblingskombination herausfinden und den schmackhaften, gesunden und nahrhaften Brei richtig zubereiten.

Brot

Brot gilt als unverzichtbare Beilage zu vielen Gerichten.

Brot und Backwaren sind Bestandteil vieler Küchen der Welt, aber gerade den Ukrainern galten sie immer als Schatz und Grundstock vieler Speisen und Gerichte. In der Tat ist die ukrainische Küche ohne Brot nur schwer vorstellbar. Mit dem Brot sind zahlreiche Bräuche und Gewohnheiten verbunden: Mit Brot pflegt man Borschtsch zu essen, ohne Brot kann man auch an keinem Festtag auskommen usw. Kurz gesagt, die Ukrainer haben Brot zu allen Zeiten geschätzt und betrachten es immer noch mit großer Wertschätzung.

Nicht nur Weizenmehl, sondern auch Gersten-, Roggen- oder Maismehl bilden die Grundlage beliebiger ukrainischer Backwaren. In allen Regionen der Ukraine werden Weizen-, Roggen- und Roggenmischbrote gebacken. Roggenbrot wird aus Vollkorn-, Grau- oder Weißmehl (Auszugsmehl) gebacken. Die Brotkrume des Roggenbrotes ist dunkel und von klebriger Konsistenz. Meistens sind Roggenmehlbackwaren kleinformatig, manchmal werden dem Roggenmehl verschiedene Trockenfrüchte oder andere süße Zutaten beigemengt.

Roggenmischbrote werden aus zweierlei Mehlsorten hergestellt, Hauptanteil bleibt jedoch immer das Roggenmehl. Weizenmehl wird hinzugefügt, um die Konsistenz und Struktur der Backwaren zu verbessern. Die Farbe eines Roggenmischbrotes bleibt dunkel, sein Geschmack ist jedoch süß-säuerlich.

Für das Backen von Weizenbrot verwendet man hauptsächlich Vollkorn- sowie Mehl der besten und der zweiten Sorte[3]. Zusätzlich wird das Weizenbrot selber noch in zwei Sorten eingeteilt:

---

3 Das Mehl wird im ostslawischen Raum in Auszugsmehl (feinste Sorte), Mehl der besten, der ersten, der zweiten Sorte und Vollkornmehl eingeteilt.

Ein in der ostslawischen Welt weit verbreitetes Getränk: Brotkwas

das ohne Backform in den Backofen geschobene (*podówyj chljeb*) und das Kastenweizenbrot (*formowój chljeb*). Zu den Weizenbackwaren zählen die ukrainische *Paljanízja*, ein rundes Hefeweizenbrot ähnlich dem Brotkuchen *Karawáj* (Rezept s. S. 168), Stangenweißbrot (Baguette), Brötchen bzw. Semmel und der *Kulítsch* (Rezept s. S. 170). Das fertig gebackene Weizenbrot hat eine goldgelbe Kruste und eine in der Regel weiße Brotkrume.

Kwas

Kwas ist eines der besten Getränke. An Geschmack und Nährwert kommt ihm nichts gleich. Vor mehr als 1000 Jahren erfunden, erfreut sich der Kwas auch heute noch seiner verdienten Popularität. Er stillt sehr gut den Durst und enthält eine Vielzahl wertvoller Enzyme und Vitamine. In der Ukraine werden verschiedene Kwas-Sorten zubereitet: Brotkwas, Rote-Rüben-Kwas (Rezept s. S. 32), Frucht- und Beerenkwas sowie Kwas aus Baumrindensaft. International am bekanntesten ist jener aus Brot.

Die Vorzüge von Brotkwas sind durch das Vorhandensein von Extraktiv- und Aromastoffen in ihm bedingt, die sich in den verschiedenen Etap-

pen seiner Zubereitung (beim Ansetzen, während der Gärung usw.) bilden. Die wohltuende Wirkung von Kwas auf den Verdauungsprozess beim Menschen lässt sich mit der Anwesenheit von Milchsäurebakterien erklären, durch die sich bei der Gärung Milchsäure bildet. Dadurch entfaltet der Brotkwas dieselbe Wirkung wie die Sauermilchprodukte Sauermilch, Kefir, *Rjázhenka*, *Warenjéz* (Rezepte s. S. 16), u. Ä. Der Brotkwas ist sehr nahrhaft, in ihm sind leicht verdauliche Kohlenhydrate, Vitamine und andere Stoffe enthalten.

Rote-Rüben-Kwas wurde folgendermaßen hergestellt: Von gewaschenen Rote-Rüben-Knollen wurde der obere und untere Teil der Schale entfernt, dann wurden sie dicht in ein Fass eingelegt und unter Zugabe von einigen Brocken trockenem Roggenbrot mit frischem Wasser aufgefüllt. Anschließend wurde das Fass zum Gären mit einem Deckel verschlossen und mit einem Gewicht beschwert. Wenn der Gärungsprozess einsetzte, stellte man es an einen kühlen Ort. Dieser Kwas wurde nicht getrunken – gewöhnlich verwendete man ihn als Grundlage von Borschtsch.

In den Waldsteppengebieten der Ukraine setzte man Frucht- und Beerenkwas an. Für Fruchtkwas wurden gewöhnlich wild wachsende Birnen und Äpfel sowie Schlehdorn verwendet. Das Obst wurde zum Nachreifen liegen gelassen, später mehrmals gewaschen und dicht in ein Fass eingelegt, das zuvor mit Roggenstroh ausgelegt worden war. Anschließend wurde es mit kaltem Wasser aufgefüllt und für einige Wochen in einem warmen Raum gelagert. Manchmal fügte man für den besseren Geschmack einige Löffel gekochtes Roggenmehl hinzu (wie beim *Kissél*). Wenn der Kwas zu gären begann, stellte man das Fass an einen kühlen Ort. Aufgebraucht wurden später sowohl der gewonnene Kwas als auch die hierzu verwendeten Früchte.

Auf ähnliche Weise wurde auch der Beerenkwas – in der Regel aus wild wachsenden Beeren – zubereitet. Hauptsächlich in Polesien wurden hierfür

Auch aus Schneeballbeeren, Moosbeeren (im Bild Großfrüchtige Moosbeeren) oder Preiselbeeren wird Kwas bereitet.

Schneeballbeeren, Moosbeeren und Preiselbeeren gesammelt und daraus der Schneeballbeerenkwas (*kalínownik*), der Moosbeerenkwas (*jágidnik*) und der Preiselbeerenkwas (*brusnítschnik*) bereitet.

Im Frühjahr wurde während der Saftflussperiode frischer Birken- und Ahornsaft abgezapft und getrunken oder es wurde daraus Kwas zubereitet. Hierzu wurden dem in einem Fass aufgefangenen Baumsaft haltbar gemachter Beerensirup oder Beerenkwas vom vergangenen Herbst sowie Honig oder einfach Bienenwachs beigemischt. Manchmal fügte man für den Geschmack noch geröstetes Gerstenmalz und Roggen-Trockenbrot hinzu. Der Kwas gärte eine Woche lang in der Sonne, dann stellte man ihn in den Schatten, um den Gärungsprozess anzuhalten. Kwas aus Birkensaft wird auch heute noch angesetzt.

Alkoholische Getränke

Alkoholische Getränke sind ein integraler Bestandteil der ukrainischen Kultur, aber deshalb kann man nicht behaupten, dass die Ukrainer immer für ihre Trunksucht berüchtigt gewesen seien. Die Vorfahren tranken im Allgemeinen nur schwach alkoholische Getränke, Schnäpse wie Weinbrand brachten venezianische und Genueser Kaufleute erst Ende des 14. Jahrhunderts in die Ukraine. Außerdem pflegte man Alkohol nur an wichtigen Feiertagen zu genießen und mit der Einführung des Christentums nahm man gegenüber Alkohol überhaupt eine sehr strenge Haltung ein, wenn er auch in Maßen erlaubt war.

Auch die Kosaken tranken gerne Met (Honigwein), Bier und *Brága*. Dies galt jedoch nur für Friedenszeiten, während kriegerischen Auseinandersetzungen war der Genuss von Alkohol mit einem strengen Verbot belegt, dessen Verletzung mit der Todesstrafe geahndet wurde.

Selbst gebrannter Schnaps

Der selbst gebrannte Schnaps (russ. *ssamogón*) ist ein Getränk, für das die Ukraine in der ganzen Welt gerühmt wird. Die Tradition des Schnapsbrennens

Brotkwas

ZUTATEN

500 g trockenes Roggenbrot · 4 l Wasser · 200 g Kristallzucker · 40 g Hefe · 5–10 Zweige Pfefferminze · 3 Blätter von einem Schwarze-Johannisbeer-Strauch · 50 g Rosinen

ZUBEREITUNG

- Das Brot in Scheiben schneiden und im Backofen dunkelbraun rösten, das geröstete Brot mit kochendem Wasser übergießen und 3–4 Stunden an einen warmen Ort stellen. Die Brotmaische durch mehrere Schichten Mulltücher sieben, den Zucker, die in einem Glas mit etwas Wasser aufgelöste Hefe, die Pfefferminzzweige und die Johannisbeerblätter hinzugeben und das Gefäß mit einem Leinentuch abdecken.
- Den Kwas an einem warmen Ort 10–12 Stunden stehen lassen, anschließend die Maische nochmals durchseihen und in Flaschen abfüllen. Die Kwasflaschen in den Kühlschrank stellen, nach 3 Tagen ist der Kwas gereift.

ist in der Ukraine mehrere Jahrhunderte alt. Dies hängt mit der historischen Entwicklung zusammen, dass jeder Gastwirt sich selbst mit alkoholischen Getränken versorgen musste. Auf jedem Gehöft und in jedem Dorf wurde der eigene Schnaps gebrannt. Zu Zeiten des Russischen Kaiserreichs mit seinem Handelsmonopol auf Wodka gab es in der Ukraine viele Schnapsbrennereien, die ihre Produktion an den Fiskus abliefern mussten.

Wein

Es ist bekannt, dass man auf dem gegenwärtigen Gebiet der Ukraine seit alters her bereits Wein kannte. Zuerst tauschten ihn die griechischen Händler gegen Korn und Honig ein, später bauten ihn die Mönche an. Die ersten bekannten Weinberge in Privatbesitz wurde bald nach der Eroberung der Krim vom Osmanischen Reich vom Grafen Michail S. Woronzow (1782–1856) bepflanzt. Später begann die Weinproduktion auf dem Landgut *Nówyj Swjet* (dt. *Neue Welt*, wo heute noch Krimsekt erzeugt wird) und es wurde eine mustergültige Weinwirtschaft in Massandra zur Versorgung der Sommerresidenz des Zaren auf der Krim errichtet. Heute werden in der Ukraine viele verschiedene Rotweinsorten, wie Cabernet Sauvignon, Merlot, Pinot noir u. a. m., angebaut. Die ukrainischen Winzer bauen jedoch noch viel mehr weiße Rebsorten an. Am meisten verbreitet ist unter ihnen die Weißweinsorte Aligoté. Freilich kann der Produktionsumfang nicht mit dem von Ländern wie Deutschland, Italien und Frankreich verglichen werden. Dennoch ist der Wein ein weitverbreitetes und beliebtes Getränk und natürlich kann keine Festtafel ohne eine Flasche Wein auskommen. In den letzten Jahren ist der heimische private Weinanbau zunehmend populärer geworden. Als Grund hierfür kann die in Mode gekommene Vorliebe für Naturprodukte genannt werden. Wo sonst, als auf dem eigenen Grund-

Krimsekt ist eines der beliebtesten Exportprodukte der Ukraine. Außer dem berühmten roten Krimsekt sind auch halbtrockene Varianten in rosé oder weiß sowie eine trockene weiße Krimsektsorte hierzulande erhältlich. Der Sekthersteller Krimskoye bietet seine Produkte auch online zum Verkauf an: www.krimskoye.de

Die lettische Brauerei Tanheiser produziert „Medowucha classik", „Medowucha Cranberry" und „Medowucha mit Hanf und Ingwer". In Deutschland sind diese Produkte über den Großhändler Dovgan GmbH erhältlich: www.dovgan.de

stück, kann man ökologisch reine Weinreben züchten? Ebenso beliebt sind selbst hergestellte Apfel-, Pflaumen- und Himbeerweine.

Met, Brága und Bier

„I ja tam byl. Mjod, píwo pil …" [Auch ich war hier, trank Met und Bier] – so enden viele Volksmärchen" und Sagen. Honig genoss seit jeher große Hochschätzung, denn aus ihm bereitete man eine Vielzahl von Getränken:

Brága ist eine Art Dünnbier für das ursprünglich ausschließlich in warmem Wasser aufgelöster Honig (unter Beifügung von etwas Hefe) vergoren wurde. Später konnten als weitere Zutaten Malz, Hopfen und Fruchtsaft hinzugefügt werden, wie überhaupt zu „Dünnbier" vergorene Fruchtsäfte als *Brága* bezeichnet wurden.

Mjedowúcha bezeichnet einerseits ein schwach alkoholisches, kohlensäurehaltiges Getränk aus vergorenen Beerensäften mit Honig und Gewürzen. Aber auch destillierte *Brága*, der frischer oder abgekochter Honig hinzugefügt wurde, wird als *Mjedowúcha* bezeichnet. *Mjedowúcha* gehört zu den Aperitifs und wird vor dem Essen zum Anregen der Verdauung gereicht.

Fruchtliköre und Kräuterschnäpse

Im 19. Jahrhundert kamen verschiedene Fruchtliköre und Kräuterschnäpse in Mode. Sie wurden auf der Basis von Wodka unter Zugabe von Frucht- oder Kräuterzutaten hergestellt. Damals war es in Adelsfamilien en vogue, für jeden Buchstaben des Alphabets einen passenden Schnaps oder Likör bereitstehen zu haben. Wer immer zu Besuch kam, konnte „buchstäblich" bestellen, was er zu trinken wünschte: zum Beispiel „A" für Anisschnaps, „B" für Birkenknospenschnaps, „H" für Heidehonigschnaps usw. Viele Ukrainer setzen die guten alten Traditionen der Vorfahren bis heute fort und stellen Branntweine, Hausliköre und -schnäpse von erstaunlich gutem Geschmack und großem Nutzen her – sowohl für die Gästetafel als auch für heilmedizinische Zwecke.

Auch ukrainische Wodkaproduzenten wie *Kosatzka Rada* und *Khortytsa* bieten *„Perzíwka"*, also mit Honig und Chili angesetzten *Gorílka* an. Erhältlich etwa über www.vodka-baron.com.

Gorílka

Viele Ukrainer werden zustimmen, dass der ukrainische *Gorílka* nicht seinesgleichen hat. Seine Geschichte ist erstaunlich und interessant zugleich. Gemeinhin wird angenommen, dass mit dem Brennen von *Gorílka* schon zu Beginn des freien Saporoger Kosakentums begonnen worden war. Dies bedeutet, dass *Gorílka* bereits im 16. Jahrhundert ein nicht wegzudenker Bestandteil der ukrainischen Kultur gewesen sein muss. Die Kosaken liebten den brennenden Schnaps und genossen ihn häufig, wie aus verschiedenen literarischen Werken und historischen Dokumenten hervorgeht. Diese alte ukrainische Tradition des Genusses und der Wertschätzung von *Gorílka* hat sich bis heute erhalten.

Schon die Wortherkunft lässt aufhorchen: Man nimmt an, dass die Bezeichnung von *gorjátsche-je winó* („Branntwein", „gebrannter, brennender, heißer Wein") kommt, was wiederum von *goríti* (brennen) abgeleitet wird. In manchen Quellen wird *Gorílka* auch *okowíta* (von lat. *aqua vita* – lebend(ig)es Wasser) genannt. Der ukrainische *Gorílka* ist ein selbst gebrannter Schnaps, der mit verschiedenen Kräutern angesetzt wird. Mit der Zeit setzte sich die Gewohnheit durch, ihn auf der Basis von scharfem rotem Chili anzusetzen, so entstand der berühmte *Perzíwka* (Pfeffer-*Gorílka*).

Die Konsumkultur von *Gorílka* hat auch ihre eigenen Besonderheiten. Dazu gehörte zu allen Zeiten die Einnahme eines reichhaltigen Imbisses. Wer *Gorílka* ohne ihn trank, galt als ungesellig und gesellschaftsuntauglich. Zum Imbiss gehörten fetthaltige Wurst, Speck, Schwarzbrot und Zwiebeln. Als weitere Besonderheit der Trinkkultur unter Männern galt, möglichst viel *Gorílka* auf einmal zu trinken, ohne sichtbare Anzeichen von Trunkenheit zu zeigen. Auch in unseren Tagen haben all diese Traditionen ihre Bedeutung behalten und werden weiterhin gepflegt.

Neben Speck, Schwarzbrot und Zwiebeln werden auch fetthaltige Wurstspezialitäten als Imbiss zum *Gorílka* gereicht. Im Bild *Krovjánki*, die beliebten, selbst gemachten Blutwürste.

Chrenowúcha

Der auf der Basis von Krenwurzel angesetzte Wodka, *Chrenowúcha* genannt, ist schon seit alter Zeit für seinen auserlesenen Geschmack und seine nützlichen Eigenschaften bekannt. Nach einem Erlass von Peter dem Großen sollte jeder Hof eine bestimmte Menge dieses Schnapses für Menschen, die schwere körperliche Arbeit verrichten oder in der Kälte arbeiten müssen, vorrätig halten.

Ein guter *Chrenowúcha* verursacht ein starkes Brennen im Mund- und Rachenraum, aber es verbleibt ein angenehmer und lang anhaltender Nachgeschmack. Es gibt eine unüberschaubare Vielzahl an Rezepturen für das Ansetzen von Schnaps auf der Grundlage von Krenwurzel. Darin kommen Ingwer, Selleriewurzel, Knoblauch, Dill und Senf häufig vor. Echter originaler *Chrenowúcha* sollte jedoch nur aus Alkohol (*Gorílka*, Wodka, *Ssamogón* = selbst gebranntem Schnaps), Krenwurzel und Honig bestehen.

Konservieren und Haltbarmachen

Seit unvordenklichen Zeiten garantierte die Kunst des Haltbarmachens dem Menschen eine vollwertige Ernährung. Die Menschen lernten zu pökeln, zu säuern, zu dörren und zu räuchern, zu trocknen, einzulegen usw. Eine solche Fülle von Möglichkeiten des Konservierens hat die häusliche Haltbarmachung in eine ganz besondere Kunst verwandelt. Der Zweck dieser Verarbeitung war, die geernteten Lebensmittel vor dem Verderben zu schützen und sie für spätere Verwendung vorrätig halten zu können. Natürlich sind in haltbar gemachten Lebensmitteln weniger Vitamine und nützliche Nährstoffe enthalten als in frischem

Reichhaltig ist in der Ukraine die Tradition des Einkochens von Gemüse und Obst in jedem Haushalt.

Obst und Gemüse, dennoch sind sie im Winter eine wertvolle Unterstützung für den Organismus.

Das **Einsalzen** (Pökeln) von Lebensmitteln ist schon lange verbreitet. Heute wird es nicht nur als Konservierungsmethode, sondern auch als eine spezielle kulinarische Verfahrensweise angesehen. Die verschiedenen Arten der Haltbarmachung sind von der jeweiligen Salzlösung abhängig. Wenn die Lake Salz in einer Konzentration von etwa 6–8 Prozent enthält, spricht man von Einsalzen oder Pökeln.

Beträgt der Salzanteil jedoch nur 2,5–3 Prozent der Lebensmittelmasse und die Lake entsteht von selbst aus dem Saft des Gemüses, spricht man von **Säuern**.

Beim **Einlegen** (Marinieren) ist die Hauptkomponente Essig unter Zugabe von Salz und/oder Zucker. Dabei sind die Anteile von Salz oder Zucker in Marinaden geringer als in Salzlaken, denn die Hauptrolle beim Konservieren spielt hier der Essig, der zu gleichen Anteilen mit Wasser verwendet wird.

Von **Einkochen** ist die Rede, wenn eine Hitzebehandlung der Früchte bzw. des Gemüses erfolgt. Früchte werden nur mit Zucker oder mit einem süßen Sud, Gemüse mit einem sauren oder süß-sauren Sud kurz gekocht, danach mit dem Sud in

zuvor sterilisierte Einkochgläser mit Glasdeckel oder in Schraubverschlussgläser einfüllt. Manchmal werden die befüllten Gläser danach noch einmal im Wasserbad zwischen 75 und 100 °C erhitzt.

Einsalzen und Säuern machen die Lebensmittel nicht nur haltbar – bei einer schwachen Salzlake in saurem Milieu entwickeln sich nützliche Bakterien, die dem Lebensmittel einen unverwechselbaren Geschmack verleihen und darüber hinaus hilfreich für den Organismus sind. Selbst geringe Mengen von Eingelegtem aktivieren Stoffwechselprozesse in unserem Körper, erleichtern die Verdauung von Fleisch- und fetthaltigen Speisen und helfen, eine einseitige oder reine „Butterbrot-Ernährung" zu vermeiden. Sie reichern die Speisen nicht nur mit Vitaminen an, sondern beschleunigen die enzymatischen Prozesse beim Verdauen; die darin enthaltenen Gewürze aktivieren auch die Reinigungsfunktionen des Organismus. Bei eingelegten (marinierten) und eingekochten Lebensmitteln bleiben zwar Mineralstoffe und Ballaststoffe erhalten, allerdings gehen Vitamine verloren. Zudem verhält sich Essig im Magen ziemlich aggressiv, weshalb von eingelegtem Obst und Gemüse in großen Mengen abzuraten ist.

Auch heute noch fahren die Ukrainer – unabhängig von der Höhe des Gehalts und der Auswahl in den Geschäften – damit fort, Lebensmittel für den Winter zu konservieren. Obwohl die direkte Notwendigkeit zum Einlegen und Konservieren entfallen ist, bleiben die Gepflogenheiten weiter bestehen. Das häusliche Haltbarmachen dient heute nicht mehr dem Überleben, sondern dem Vergnügen: Jede Hausfrau kann hier ihr Kochtalent entfalten und ihre Familie mit herzhaft oder süß Eingelegtem und Eingekochtem erfreuen. In den Dörfern werden diese Vorbereitungen für den Winter im großen Stil begangen. Der Reichtum an Vorräten sagt hier immer noch etwas über den materiellen Wohlstand aus.

Salzgurken

ZUTATEN FÜR EIN 3-LITER-GLAS

2 kg Gurken · je 3 Büschel Sellerie, Petersilie und Estragon · 2–3 Lorbeerblätter · 2–3 Knoblauchzehen 1 Krenwurzel · 2 Krenblätter · 1–2 Kirschblätter oder Eichenblätter (nach Belieben) · 5 schwarze Pfefferkörner · je 1 Chilischote bzw. Peperoni (nach Belieben) · 3–4 Dilldolden

SALZLAKE: 1 l Wasser · 80 g Salz

ZUBEREITUNG

- Die Gurken nach der Größe sortieren, waschen und in sauberem, kaltem Wasser 6–8 Stunden einweichen, danach die Gurken mit sauberem Wasser abspülen, die frischen Kräuter waschen und alles zusammen in das 3-Liter-Glas legen: immer abwechselnd eine Schicht Gewürze, dann eine Schicht Gurken einfüllen, ganz obenauf die Chilischote oder Peperoni und den Dill legen.
- Für die Salzlake das Salz in kaltem Wasser auflösen und mit diesem Salzwasser das Glas bis zum Rand befüllen, das Glas mit Mull abdecken und bei Zimmertemperatur 2–3 Tage stehen lassen.
- Wenn sich an der Oberfläche weißer Schaum gebildet hat, die Salzlake abgießen und auffangen, abkochen und mit ihr erneut das Gurkenglas auffüllen. Dann das Glas umgehend mit einem gut dichtenden Deckel verschließen, das Glas auf den Kopf stellen, vorsichtig (mit einer warmen Decke) einwickeln und so abkühlen lassen.

Marinierte Pilze

ZUTATEN

1 kg Pilze · 5 Pimentkörner · 1 Teelöffel Zimt · 1 Teelöffel Zucker · ein paar Gewürznelken und Lorbeerblätter · 85 ml Wasser · 1 Esslöffel Salz · 165 ml 8%iger Essig · 1 Teelöffel Pflanzenöl

ZUBEREITUNG

- Die Pilze sortieren, sorgfältig putzen und in einen Topf geben. Gewürze (außer Salz und Essig) und
  Wasser hinzugeben, aufkochen und die Pilze unter ständigem Rühren gar kochen: Pilze wie Champignons, weißstielige Rotkappen, Steinpilze u. Ä. 20–25 Minuten, die Stiele der Rotkappen und Steinpilze
  15–20 Minuten, Hallimasch und Pfifferlinge 25–30 Minuten, Filzröhrlinge, Schmierröhrlinge und Gemeine Birkenpilze 10–15 Minuten.
  (Pilze zur Probe in ein Glas Wasser geben, wenn sie gar sind, sinken sie auf den Boden.)
- Das Salz und ganz zum Schluss den Essig hinzufügen, am besten erst nachdem die Pilze vom Feuer genommen wurden. Anschließend
  die Pilze in sterilisierte Gläser füllen, mit der Flüssigkeit, in der die Pilze gekocht wurden, übergießen, Pflanzenöl darübergießen und mit
  sterilisierten Schraubverschlussdeckeln dicht verschließen.

GEWÜRZVARIANTEN

- Für Steinpilze (1 kg) 2 Lorbeerblätter, 5 Körner schwarzen Pfeffer und 5 Pimentkörner, 3 Nelkenblüten, 1 Messerspitze Zimt, bis zu 50 g
  Salz und 2 g 80%iger Essigsäure verwenden.
- Butterröhrlinge, Raufußröhrlinge oder Birkenröhrlinge (je 1 kg) werden am besten mit 50 g Dill (Stängel und Blätter), 10 g Knoblauch, 3 Lor-
  beerblättern, 20 kleineren Blättern der Schwarzen Johannisbeere und bis zu 60 g Salz mariniert. Der Dill wird nach dem Kochen entfernt.
- Es kann zusätzlich vor dem Kochen mit Zitronensäure mariniert werden. Dies verhindert, dass sich die Pilze verfärben.

Sauerkraut mit Roter Rübe

ZUTATEN

4 kg Weißkraut · 200 g Rote Rübe
50 g Knoblauch · 50 g Kren · 50 g
frische Petersilie · 2–3 Chilischoten

SALZLAKE

2 l Wasser · 100 g Salz · 100 g Zucker

ZUBEREITUNG

- Die Weißkrautköpfe vierteln oder
  achteln (die Stücke sollten ca. 200
  g wiegen), die Krautstrunke und dickeren Rippen der Krautblätter
  entfernen, die Rote Rübe schälen und in grobe Würfel schneiden (für
  das Ansetzen von Sauerkraut sollte man saftige Fruchtknollen mit
  elastischer Haut und satter Farbe auswählen).
- Den Knoblauch und den Kren schälen, die frische Petersilie unter flie-
  ßendem Wasser waschen, den Kren klein reiben, den Knoblauch und
  die Petersilie fein hacken.
- Das Kraut, die Rote Rübe, den Knoblauch, den Kren, die Petersilie und
  die Chilischoten dicht in ein Emaillegefäß oder einen Emailletopf legen.
- Das Wasser in einem Topf zum Kochen bringen und Salz und Zucker
  hinzufügen, gut verrühren, bis sich die Salz- und Zuckerkristalle vollständig auflösen, anschließend den Topf von der Herdplatte nehmen
  und die Lake ein wenig abkühlen lassen.
- Das Kraut mit dem Gemüse und den Kräutern mit warmer Salzlake
  auffüllen, das Ganze mit einem Gewicht beschweren und bei einer
  Temperatur von 18 °C 2 Tage lang stehen lassen.
- Nach 2 Tagen das Behältnis mit dem angesetzten Sauerkraut an einen
  etwas kühleren Ort stellen, binnen einer Woche ist das Sauerkraut mit
  der Roten Rübe gereift.

Sauerkraut

ZUTATEN

3,5 kg Weißkraut · 1 Karotte · 75 g (3 Esslöffel) grobkör-
niges Salz · 2–3 Blätter von einem Johannisbeerstrauch
1 Krenblatt · 1 Dilldolde mit Samen · 1–2 Lorbeerblätter
3–4 schwarze Pfefferkörner

ZUBEREITUNG

- Die äußeren Blätter des Krautkopfs entfernen, gründlich
  waschen und beiseitelegen. Den Krautkopf vom Strunk
  befreien, waschen und in zwei Hälften schneiden, diese in
  5 mm dicke Streifen schneiden, die Karotte grob reiben.
- Krautstreifen und geriebene Karotte mischen, grobkörni-
  ges Salz hinzufügen, dann das Kraut ausdrücken, sodass
  es Saft abgibt, das ausgedrückte Kraut mit dem Saft in
  ein vorbereitetes, ausreichend großes Behältnis (z. B.
  Fass oder Kunststoffkübel) geben.
- Auf den Boden des Behälters eine Schicht sauberer
  Krautblätter legen, darauf die Johannisbeerblätter, das
  Krenblatt, die Dilldolde mit Samen, das Lorbeerblatt und
  die schwarzen Pfefferkörner legen, dann in mehreren
  Schichten darüber das zerkleinerte Kraut mit einem
  Kartoffelstampfer oder mit der Faust feststampfen.
- Das Kraut von oben mit einem Gewicht beschwe-
  ren, bei Zimmertemperatur 2–3 Tage stehen lassen;
  2-mal pro Tag das Sauerkraut bis auf den Gefäßgrund
  durchstechen, damit das Kohlendioxid austreten kann,
  den sich auf dem Sauerkraut bildenden Schaum mit
  dem Schaumlöffel abnehmen. Binnen 5–7 Tagen ist das
  Sauerkraut gereift.

Kapitel 1
Suppen

Borschtsch

Борщ з пампушками

Zubereitung

- Das Fleisch waschen, in 6 Stücke schneiden und in einen Brattopf legen.
- Je eine geschälte Zwiebel und Karotte im Ganzen, 2 Lorbeerblätter und einige Pfeffer- und Pimentkörner hinzugeben, alles mit Wasser auffüllen und zum Kochen bringen.
- Wenn das Wasser kocht, den sich bildenden Schaum und das Fett abschöpfen, die Bouillon bei schwacher Hitze (damit sie nicht dunkel wird) 1–1 ½ Stunden kochen.
- 10–15 Minuten vor Abstellen der Hitzezufuhr die Bouillon mit Salz abschmecken, die mitgekochte Zwiebel und die Karotte aus der Bouillon herausnehmen.
- Die Rote Rübe und die zweite Karotte waschen, schälen und in Scheiben schneiden oder mit einer groben Reibe klein reiben, die Tomaten blanchieren, die Haut entfernen und klein schneiden, die zweite Zwiebel fein hacken.
- In einer Pfanne ein paar Esslöffel Pflanzenöl erhitzen und darin die fein gehackte Zwiebel leicht anbraten; anschließend die zerkleinerte Rote Rübe und die zerkleinerte Karotte hinzugeben und 5 Minuten anbraten, einen Esslöffel Essig, die klein geschnittenen Tomaten, das Tomatenmark und eine Schöpfkelle der Bouillon hinzugeben, die Pfanne mit einem Deckel abdecken und den Inhalt gar dünsten.
- In die kochende Bouillon die geschälten, in Würfel geschnittenen Kartoffeln hinzugeben und 3–4 Minuten kochen, anschließend das klein geschnittene Weißkraut hinzugeben und 5–7 Minuten fast gar kochen, dann den Inhalt der Pfanne hinzufügen.
- Alles zusammen noch einmal 5 Minuten aufkochen lassen, den fertigen Borschtsch auf Teller oder Schüsseln verteilen, mit Sauerrahm anrichten und anschließend mit fein gehackten frischen Kräutern bestreuen.

Zum ukrainischen Borschtsch wird immer frisches Brot gereicht. Traditionell gibt es zum Borschtsch frisch gebackene *Pampúschki* (Rezept s. S. 27)

VARIANTE: Natürlich kann dieser Borschtsch auch auf Grundlage einer Rinderbouillon mit Rindfleisch zubereitet werden.

Zutaten

600–700 g Schweinerippchen
2 Zwiebeln
2 Karotten
2 Lorbeerblätter
schwarze und rosa
Pfefferkörner
Pimentkörner
Salz
1 große Rote Rübe
2 Tomaten
2–3 Esslöffel Pflanzenöl
1 Esslöffel Essig
1 Esslöffel Tomatenmark
200 g Kartoffeln
200 g Weißkraut
Sauerrahm zum Garnieren
frische fein gehackte Kräuter
(Liebstöckl, Petersilie und Dill)

Bouillon
mit Piroschki

*Бульйон з
піріжками*

8 Portionen

Zutaten

Für die Bouillon

1 kg zartes Rindfleisch
mit Knochen
1 Zwiebel
1 Karotte
½ Petersilienwurzel
Salz
schwarzer gemahlener Pfeffer

Für die Piroschki

30 g Hefe
100 ml Milch
60 g Mehl
1 Ei
50 g Margarine
120 g Zucker
Salz
200 ml Milch
600 g Mehl
30 ml Pflanzenöl

Füllung

gekochtes Rindfleisch
von der Bouillon
1 Zwiebel
30 g Butter
Salz
Pfeffer

Pflanzenöl zum Einfetten
Ei zum Bestreichen

Näheres zu den Piroschki ist
in der Einleitung auf S. 19 nachzulesen.

Zubereitung

- Für die Bouillon das Fleisch waschen, in einen Topf geben, mit kaltem Wasser auffüllen und zum Kochen bringen, zwischendurch immer wieder Fett und Schaum abschöpfen. Das geputzte Wurzelgemüse hinzugeben und die Bouillon etwa 1 Stunde kochen lassen, die fertige Bouillon abseihen, salzen und pfeffern.
- Für die Piroschki die Hefe in warmer Milch auflösen, 60 g Mehl hinzusieben und diesen Vorteig gehen lassen.
- Anschließend Ei, zerlassene Margarine, Zucker, Salz und warme Milch hinzugeben, das restliche Mehl hinzusieben, alles gut durchkneten und dabei das Pflanzenöl hinzugießen, sodass ein leichter und lockerer Teig entsteht.
- Wenn der Teig beim Kneten nicht mehr an den Händen kleben bleibt, zudecken und etwa 1,5–2 Stunden an einem warmen Ort aufgehen lassen.
- Für die Füllung das gekochte Fleisch aus der Bouillon durch den Fleischwolf drehen, die Zwiebel schälen, klein schneiden, in der Butter glasig dünsten, das Fleisch dazugeben und vermengen. Zwei Suppenkellen Bouillon hinzufügen und unter ständigem Rühren schmoren lassen, mit Salz und Pfeffer abschmecken.
- Wenn der Teig gut aufgegangen ist, diesen in Portionen zu etwa 100 g aufteilen.
- Die Hände mit Pflanzenöl einreiben und aus den Teigportionen gleichmäßig glatte Bällchen formen. Diese mit einigem Abstand zueinander (damit sie sich ausbreiten können) auf eine mit Pflanzenöl eingefettete Arbeitsfläche legen, mit einem Geschirrtuch zudecken und rund 30 Minuten gehen lassen, nach einiger Zeit die Bällchen mit der Handfläche flach drücken, wieder mit dem Geschirrtuch bedecken und wieder etwa 20 Minuten gehen lassen.
- Dann auf jedes Teigstück etwa einen Esslöffel der Füllung geben, die Teigkreise zu Halbkreisen zusammenklappen und die Ränder fest zusammendrücken.
- Die Enden der Halbkreise leicht nach innen biegen, um den Piroschki eine ovale Form zu verleihen, mit der Naht nach unten auf das mit Pflanzenöl eingefettete Backblech legen, wieder etwa 15 Minuten gehen lassen.
- Die Piroschki leicht mit verquirltem Ei bestreichen und im auf 200 °C vorgeheizten Backofen etwa 30 Minuten backen.

Pampúschki
mit Knoblauchsauce (ohne Foto)

Zubereitung

- Die Hefe mit dem Mehl, dem Zucker und dem Salz vermischen, das Sonnenblumenöl sowie lauwarmes Wasser (oder Milch) hinzugeben und daraus sorgfältig einen Teig kneten, bis er nicht mehr an den Händen kleben bleibt, aus dem Teig eine Kugel formen und 1 Stunde an einem warmen Ort aufgehen lassen.
- Den Teig danach in Portionen zu je 40 g teilen und jedes Teigstück zu einem Bällchen formen. Die Teigbällchen auf einem mit Backpapier ausgelegten Backblech verteilen und wiederum für 30 Minuten an einem warmen Ort aufgehen lassen.
- Mit dem verquirlten Ei die Oberfläche der Teigbällchen bestreichen, anschließend im vorgeheizten Backofen bei 250 °C ca. 15 Minuten backen, Temperatur auf 200 °C reduzieren und weitere 15 Minuten backen (die letzten 10 Minuten mit Backpapier abdecken). In der Zwischenzeit für die Sauce die geschälten Knoblauchzehen fein reiben oder durch eine Knoblauchpresse drücken, zum zerkleinerten Knoblauch das Sonnenblumenöl, Wasser und Salz hinzugeben und sorgfältig (eventuell mit dem Mixer) umrühren (die Sauce sollte so dickflüssig wie Sauerrahm sein).
- Die fertig gebackenen *Pampúschki* mit der Knoblauchsauce bestreichen.

6 Portionen (ca. 18 Stück)

Zutaten

Für den Teig
11 g Trockenhefe ▪ 500 g Mehl
1 Esslöffel Zucker
1 Teelöffel Salz
2 Esslöffel Sonnenblumenöl
250 ml Wasser (oder Milch) ▪ 1 Ei

Für die Sauce
4 Knoblauchzehen ▪ 2 Esslöffel
Sonnenblumenöl ▪ 2 Esslöffel
Wasser ▪ 1 Prise Salz

TIPP: *Pampúschki* werden besonders gerne zu Borschtsch (Rezept s. S. 25) gereicht.

Cholodník
(kalter Borschtsch)

Холодник

8 Portionen

Zutaten

400 g junge Rote Rübe mit
Rübenkraut ▪ 2 Esslöffel
3%iger Essig ▪ 100 g Karotten
250 g frische Gurken
100 g Jungzwiebelgrün
bzw. Schnittlauch ▪ 1,3 l Brotkwas ▪ 200 ml Sauerrahm
Salz ▪ 1 Teelöffel Zucker
4 hart gekochte Eier
80 g fein gehackter frischer Dill

Cholódnij heißt auf Ukrainisch
„kalt". Beim *Cholodník* handelt es
sich um eine kalte Rote-Rübe-
Suppe auf der Basis von Brotkwas, der auch Sauerampfer, Dill
oder andere Gewürze zugefügt
werden können.

Zubereitung

- Von den Rote-Rüben-Knollen das Rübenkraut entfernen, die Knollen schälen, in
  kleine Stifte schneiden oder grob raspeln.
- Vom Rübenkraut die Stiele abschneiden und klein schneiden, diese mit der in
  Stifte geschnittenen oder geraspelten Roten Rübe vermengen, mit heißem
  Wasser in einen Topf geben, den Essig hinzufügen und zugedeckt etwa 10 Mi-
  nuten gar dünsten.
- Gegen Ende der Garzeit das in Streifen geschnittene Blattgrün hinzugeben,
  aufkochen und anschließend abkühlen lassen.
- Die Karotten schälen, in Stifte schneiden, gar dünsten und abkühlen lassen.
- Die Gurken in Stifte schneiden, das Jungzwiebelgrün bzw. den Schnittlauch fein
  hacken, den Brotkwas durchseihen.
- Etwa 120 ml des Sauerrahms, Salz, Zucker und das fein gehackte Jungzwiebel-
  grün bzw. den Schnittlauch miteinander vermengen, die gedünsteten Karotten, den Sud mit der Roten Rübe samt dem zerkleinerten Rübenkraut und die
  Gurken hinzugeben, den durchgeseihten Kwas (s. Erklärung S. 20) dazugießen
  und umrühren.
- Zum Servieren den *Cholodník* in Tellern anrichten, jeweils eine gekochte Ei-
  Hälfte hinzufügen und mit dem Rest des Sauerrahms und dem fein gehackten
  frischen Dill garnieren.

Gemüsesuppe
mit Hühnerbällchen

*Овочевий суп з курячими
фрикадельками*

6 Portionen

Zubereitung

- Für die Bällchen das Hühnerfilet zusammen mit einer kleinen geschälten Zwiebel durch den Fleischwolf drehen, das Ei und einen Esslöffel Grieß hinzufügen, salzen, pfeffern und gut miteinander vermengen, anschließend das Hackfleischgemisch 10 Minuten stehen lassen, damit der Grieß aufquillt, dann aus der Masse kleine Bällchen oder mithilfe von Esslöffeln Nocken formen.
- Für die Suppe das Gemüse waschen und je nach Sorte schälen oder putzen, die Karotte in Streifen schneiden, die zweite Zwiebel und die Kartoffeln in Würfel schneiden, den Karfiol in Röschen teilen, den Lauch in Streifen, die Paprikaschote in Würfel und die Fisolen in mundgerechte Stücke schneiden.
- Die Karottenstreifen mit der in Würfel geschnittenen Zwiebel in Pflanzenöl anbraten.
- Die Hühnerbouillon zum Kochen bringen, in die kochende Bouillon die Kartoffelwürfel geben, wenn die Bouillon das zweite Mal aufkocht, die Hitze reduzieren und noch 10 Minuten weiterkochen lassen, anschließend die Hühnerbällchen in die Bouillon geben.
- Nach dem abermaligen Aufkochen das übrige vorbereitete Gemüse hinzugeben und gar kochen, mit Salz und Pfeffer abschmecken und mit fein gehackter Petersilie bestreut servieren.

Zutaten

Für die Suppe
1 Karotte
1 Zwiebel
4 Kartoffeln
200 g Karfiol
100 g Lauch
1 Paprikaschote
100 g Fisolen
70 ml Pflanzenöl
2 l Hühnerbouillon
4 Esslöffel Erbsen ▪ Salz
schwarzer gemahlener Pfeffer
frische gehackte Petersilie zum
Bestreuen

Für die Bällchen
400 g Hühnerfilet
1 kleine Zwiebel ▪ 1 Ei
4–5 Esslöffel Grieß ▪ Salz
Pfeffer

29

Rassólnik

6 Portionen

Розсольник

Zutaten

Zubereitung

300 g Kalbfleisch
(Rippenfleisch oder Bruststück)
50 g Graupen • 1 Karotte
1 Zwiebel • Pflanzenöl zum
Anbraten • 4–5 Kartoffeln
150 g Kraut • 50 g Selleriewurzel
2–3 Salzgurken
2 Lorbeerblätter • Salz
schwarze Pfeffer- und
Pimentkörner
150 ml Salzgurkenlake

- Das Fleisch in einen Topf geben, mit gesalzenem Wasser auffüllen und eine
  Bouillon kochen, den sich dabei bildenden Schaum abschöpfen.
- Die Graupen sorgfältig waschen und in die Bouillon zum Fleisch hinzugeben,
  etwa 30 Minuten kochen lassen.
- Das Gemüse waschen und schälen, die Karotte und die Zwiebel in Streifen
  schneiden und in Pflanzenöl leicht anbraten, die Kartoffeln in Stangen schneiden, das Kraut klein schneiden, die Selleriewurzel und die Salzgurken in dünne
  Streifen schneiden.
- In die kochende Bouillon die Kartoffelstangen und Selleriestreifen hinzugeben,
  nach 7–10 Minuten das Kraut und die angebratenen Zwiebel- und Karottenstreifen hinzugeben.
- Anschließend die Salzgurkenstreifen, Lorbeerblätter, Salz, Pfeffer und Pimentkörner hinzufügen.
- Je nach Geschmack mit Salzgurkenlake verfeinern und den *Rassólnik* fertig
  kochen.

Rassólnik ist eine Fleisch- oder
Fischsuppe, die mit Salzgurken
und Salzgurkenlake (ukr. *rossól*,
russ. *rassól* – Salzlake, Sole)
gekocht wird.

Grüner Borschtsch
mit Brennnesseln

Борщ зелений з кропивою

Zubereitung

- Das Fleisch in einen Topf geben, mit 1,5 l Wasser auffüllen und zum Kochen aufsetzen. Den sich bildenden Schaum abschöpfen und insgesamt etwa 45 Minuten kochen lassen, das Fleisch aus dem Sud nehmen und in Würfel schneiden, die Fleischwürfel wieder in den Sud geben.
- Die Brennnesseln mit kochendem Wasser überbrühen, sorgfältig waschen, die groben Stiele entfernen, die Blätter der Brennnesseln fein hacken.
- Den Sauerampfer waschen und fein hacken.
- Das Gemüse schälen, die Zwiebel klein hacken, die Karotte in Streifen und die Kartoffeln in Würfel schneiden, Zwiebel und Karotte in Pflanzenöl anbraten.
- Das angebratene Gemüse zum Fleisch in den Kochsud geben, auch die Kartoffelwürfel dazugeben und gar kochen.
- Mit Salz und Pfeffer abschmecken, anschließend die Brennnesseln und den Sauerampfer hinzugeben und 2–3 Minuten weiterkochen lassen.
- Die Eier schälen, den Borschtsch mit Sauerrahm und je einer Eihälfte servieren.

Zutaten

500 g Schweinefleisch
oder Rindfleisch (Schulter)
1 großes Büschel Brennnesseln
1 Bund Sauerampfer
1 Zwiebel
1 Karotte
4 Kartoffeln
Planzenöl zum Anbraten
Salz
schwarzer gemahlener Pfeffer
2 hart gekochte Eier
50 ml Sauerrahm

Fleischloser Fasten-Borschtsch
mit Pilzen

Борщ пісний з грибами

8 Portionen

Zutaten

150 g rote Bohnen
(z. B. Kidneybohnen)
20 g getrocknete Pilze
2 l Wasser
100 g Karotten
100 g Zwiebeln
75 g Petersilienwurzel
100 g Pastinakenwurzel
2 Esslöffel Pflanzenöl
200 g Rote Rübe
100 g Tomatenmark
250 ml Rote-Rüben-Kwas
400 g Weißkraut
400 g Kartoffeln
1 Esslöffel Weizenmehl
2 Lorbeerblätter
Salz
3 Pimentkörner
Liebstöckl und Petersilie
zum Garnieren

Zubereitung

- Die Bohnen 12 Stunden in kaltem Wasser einweichen, dann das Wasser abgießen, die Bohnen mit frischem Wasser auffüllen und ca. 30 Minuten halb gar kochen.
- Die Pilze in 2 l Wasser weich kochen, durch ein Sieb abseihen (den Kochsud auffangen) und in Streifen schneiden.
- Die Karotten, die Zwiebeln und das Wurzelgemüse schälen, in Streifen schneiden und in Pflanzenöl kurz anbraten.
- Die Rote Rübe schälen, in Streifen schneiden und mit dem Tomatenmark und dem Rote-Rüben-Kwas 10–15 Minuten halb gar kochen.
- In den kochenden Pilzsud das klein geschnittene Kraut, die in Würfel geschnittenen Kartoffeln, die Pilze, die gedünstete Rote Rübe, das angebratene Gemüse, die Bohnen mit ihrem Sud, das in einer trockenen Pfanne geröstete Mehl, die Lorbeerblätter, Salz und die Pimentkörner geben und den Borschtsch kochen, bis alle Gemüsesorten gar sind.
- Vor dem Servieren den Borschtsch in Tellern oder Schalen anrichten und mit fein gehackter Petersilie und gehacktem Liebstöckl garnieren.

Rote-Rüben-Kwas

Zubereitung

- 1 große Rote-Rübe-Knolle waschen und in kleine Stücke schneiden, ein 3-Liter-Glas mit den Rote-Rübe-Stücken bis zur Hälfte befüllen. In 2 l gereinigtem oder abgekochtem und anschließend abgekühltem Wasser 4 Esslöffel Zucker auflösen.
- Das Glas mit den Rote-Rübe-Stücken bis zum Rand damit auffüllen, 1 angetrocknete Roggenbrotkruste hinzufügen und das Glas mit einem Mulltuch abdecken.
- Zum Gären 3 Tage an einen warmen Ort stellen.
- Nach Ablauf der Gärzeit das Getränk durchseihen, in saubere Flaschen abfüllen, die Flaschen verkorken und im Kühlschrank aufbewahren.

Eintopf aus Sauerkraut mit Pilzen (Kapúsnjak)

Капусняк з квашеної капусти з грибами

10 Portionen

Zutaten

1–2 Karotten
400 g Kartoffeln
1 Zwiebel
300 g Pilze
125 g Hirse
3 l Wasser
etwas Pflanzenöl zum Anbraten
1 Teelöffel Tomatenmark
500 g Sauerkraut
Salz
schwarzer gemahlener Pfeffer
Kräuter zum Bestreuen

Zubereitung

- Karotten und Kartoffeln waschen und schälen, die Kartoffeln in Würfel, die Karotten in Streifen schneiden.
- Die Zwiebel schälen, halbieren und in Ringe schneiden, die Pilze sorgfältig waschen und klein schneiden, die Hirse mehrmals waschen.
- Die geputzten, klein geschnittenen Pilze mit Wasser gar kochen, zur kochenden Pilzbouillon die Kartoffelwürfel hinzugeben, nach 5 Minuten die Hirse hinzufügen.
- Die Karottenstreifen und Zwiebelringe in heißem Pflanzenöl anbraten und das Tomatenmark hinzugeben, danach das gebratene Gemüse zur Bouillon geben.
- Das Sauerkraut klein hacken (sehr saures Sauerkraut kann man unter kaltem Wasser abspülen) und zum Eintopf hinzufügen, anschließend mit Salz und Pfeffer abschmecken und alle Zutaten gar kochen.
- Vor dem Servieren den Eintopf 15–20 Minuten ziehen lassen, anschließend heiß und mit fein gehackten frischen Kräutern bestreut servieren.

Nudelsuppe
mit Hühnerfleisch und Pilzen

Суп-лапша домашня з куркою та грибами

Zubereitung

- Für die Nudeln das Mehl auf eine Arbeitsplatte geben, in der Mitte des Mehlhaufens eine Vertiefung machen, allmählich eine Mischung aus Wasser, Ei und Salz hineingießen und einen festen Teig kneten, diesen 20 Minuten ruhen lassen.
- Den Teig 1–1,5 mm dünn ausrollen und Streifen in Form von Bandnudeln ausschneiden, die Bandnudeln einige Stunden trocknen lassen.
- Das Suppenhuhn in einen Topf geben, mit so viel Wasser auffüllen, dass das Fleisch bedeckt ist, zum Kochen bringen und Salz, eine Zwiebel und eine Karotte hinzugeben, alles zusammen 30 Minuten bei schwacher Hitze kochen.
- Anschließend die Pilze hinzugeben und gar kochen.
- Die Bouillon abseihen, das Hühnerfleisch von den Knochen lösen, die Pilze und das Hühnerfleisch in Streifen schneiden.
- Das restliche Gemüse in dünne Streifen schneiden und in der zerlassenen Butter anbraten.
- In die kochende Bouillon die zerkleinerten Pilze, das Hühnerfleisch und das angebratene Gemüse geben und zum Kochen bringen, schließlich die Bandnudeln hinzugeben, salzen, pfeffern und bei schwacher Hitze 2–3 Minuten kochen, anschließend 10 Minuten stehen lassen, in Tellern oder Schüsseln anrichten und mit fein gehackten frischen Kräutern bestreuen.

8 Portionen

Zutaten

500 g Suppenhuhn
mit Knochen
Salz
2 Zwiebeln
2 Karotten
200 g Steinpilze
2 Esslöffel zerlassene Butter
schwarzer gemahlener Pfeffer

Für die Nudeln
140 g Weizenmehl
etwas Wasser
1 Ei
Salz
Kräuter zum Bestreuen

Erbsenpüreesuppe
mit Räucherspeck

Гороховий суп-пюре з копченостями

8 Portionen

Zutaten

300 g getrocknete Erbsen
100 g Zwiebeln
150 g Karotten
50 g Petersilienwurzel
2 Esslöffel Pflanzenöl
Salz
schwarzer gemahlener Pfeffer
150 g Räucherspeck
100 g Toastbrot
frische Kräuter zum Garnieren

Zubereitung

- Die Erbsen waschen und 5–6 Stunden in kaltem Wasser einweichen, anschließend die Erbsen noch einmal sorgfältig waschen, in einen Topf geben, mit Wasser auffüllen und fast gar kochen (1 ½–2 Stunden, abhängig von der Erbsensorte).
- Das Gemüse schälen, klein schneiden und in Pflanzenöl anschwitzen, das angebratene Gemüse zu den Erbsen hinzugeben, alles vermischen, salzen, pfeffern und gar kochen, die fertige Suppe mithilfe eines Stabmixers pürieren.
- Den in dünne Streifen geschnittenen Räucherspeck braten und zur Suppe hinzufügen, das Toastbrot in kleine Würfel schneiden und in der Bratpfanne goldgelb rösten.
- Die Erbsenpüreesuppe in Tellern anrichten, mit den Croûtons bestreuen und mit frischen Kräutern garnieren.

Fleisch-Soljanka

Солянка м'ясна

Zubereitung

- Das Kalb- oder Schweinefleisch und die geräucherten Rippchen mit dem Wasser in einen Topf geben und zum Kochen bringen, ab und zu den Schaum abschöpfen, 1 geschälte Zwiebel hinzugeben und 2 Stunden bei schwacher Hitze köcheln lassen, 15 Minuten vor Garende etwas salzen, 1 Lorbeerblatt und Pfefferkörner hinzugeben.
- Das Fleisch aus dem Sud nehmen, den Sud abseihen und auffangen, die Knochen vom Fleisch entfernen und das Fleisch, den Schinken, die Räucherwurst sowie die Salzgurken in Streifen schneiden.
- Die Gurkenstreifen in eine Bratpfanne geben, etwas von der aufgefangenen Fleischbouillon hinzugeben und 5–7 Minuten dünsten, dann mit der Fleischbouillon in einen Topf umfüllen. 1 Zwiebel schälen und in Viertelringe schneiden, Butter zusammen mit Pflanzenöl in einer Bratpfanne erhitzen, die klein geschnittene Zwiebel hinzugeben, salzen, pfeffern und glasig braten, die Tomatensauce oder das Ketchup hinzufügen, gut umrühren und zur Bouillon hinzufügen.
- Nun auch das in Streifen geschnittene gekochte Fleisch, die Schinken- und die Räucherwurststreifen sowie die Oliven zur Bouillon hinzufügen, umrühren und 10–15 Minuten kochen lassen, anschließend die Kapern hinzufügen, umrühren und mit Salz und Pfeffer abschmecken, den Topf mit einem Deckel abdecken und die Soljanka 15 Minuten ziehen lassen.
- Die Soljanka in Teller füllen, mit je einer Zitronenscheibe und einem Klecks Sauerrahm anrichten und mit Petersilie garnieren.

Soljanka ist eine deftige Suppe, deren Bezeichnung auf das ukrainische Wort für Salz (*solj*) verweist. Tatsächlich stammt die Bezeichnung aber von den Dorfbewohnern (*sseljánje*), die aus verschiedenen zur Verfügung stehenden Vorräten einen gehaltvollen Eintopf kochten.

6 Portionen

Zutaten

300 g Kalbfleisch oder Schweinefleisch (z. B. Schulter) mit Knochen
150 g geräucherte Schweinerippchen ▪ 1,5 l Wasser
200 g Zwiebeln ▪ Salz
1 Lorbeerblatt
Pfefferkörner
100 g geräucherter Kochschinken
100 g Räucherwurst
150 g Salzgurken
1 Esslöffel Butter
2 Esslöffel Pflanzenöl
2 Esslöffel Tomatensauce oder Ketchup ▪ frisch gemahlener schwarzer Pfeffer ▪ 100 g Oliven ▪ 50–70 g Kapern (nach Belieben)
6 Zitronenscheiben zum Garnieren ▪ 50 ml Sauerrahm zum Garnieren
3 Esslöffel frische, fein gehackte Petersilie zum Garnieren

Kulésch

8 Portionen

Куліш

Zutaten

2 l Wasser • 1–1½ Teelöffel Salz
100 g Hirse • 100 g Karotten
500 g Kartoffeln
50 g Petersilienwurzel
50 g Selleriewurzel
130 g Zwiebeln
150 g Schweinespeck
je 1 Bund frische Petersilie
und Dill
2 Lorbeerblätter

Kulésch ist ein althergebrachtes Gericht der Volksküche, welches Vor- und Hauptspeise miteinander verbindet und eine Art Eintopf aus Getreidegrütze und Gemüse mit gebratenem Speck darstellt. Er wurde traditionell über dem Lagerfeuer in einem Kessel zubereitet, gelingt allerdings zu Hause ebenso sättigend, aromatisch und wohlschmeckend.

Zubereitung

- Einen Topf mit 2 l Salzwasser zum Kochen aufsetzen. Bis das Wasser zu kochen beginnt, das Gemüse und die Hirse vorbereiten.
- Die Hirsekörner in einen Topf geben, mit Wasser auffüllen und wieder abgießen, dies 5- bis 7-mal wiederholen, bis das Wasser klar und durchsichtig wird (die letzte Spülung am besten mit heißem abgekochtem Wasser vornehmen).
- Die Karotten waschen, schälen und in 0,5–1 cm große Würfel schneiden, die Kartoffeln waschen, schälen und in Stangen schneiden.
- Die Petersilien- und Selleriewurzel waschen, schälen und ebenfalls klein schneiden.
- In das kochende Salzwasser die Karotten und das andere Wurzelgemüse geben und 7–10 Minuten halb gar kochen. Dann die Kartoffelstangen hinzugeben und nach weiteren 5–6 Minuten die Hirse hinzufügen.
- Den *Kulésch* bei schwacher Hitze ohne Deckel 15–20 Minuten köcheln lassen.
- Unterdessen die Zwiebel schälen und fein hacken, den Speck in 1 cm große Würfel schneiden. Eine Bratpfanne erhitzen, die Speckwürfel hineingeben, schmelzen lassen, dann die fein gehackten Zwiebeln hinzugeben und bei mittlerer Hitze goldgelb anbraten.
- Die Petersilie und den Dill waschen, abtrocknen und klein schneiden.
- Kurz vor dem Garende den gebratenen Speck mit den Zwiebeln, die Lorbeerblätter sowie die Kräuter hinzugeben und den *Kulésch* bei minimaler Hitze zugedeckt noch etwa 5–10 Minuten gar kochen.

VARIANTE: In der Westukraine wird dieses Gericht traditionell mit Maisgrieß und nicht mit Hirse hergestellt und mit dem Salzlakenkäse *Brýndsja* gewürzt.

Fleisch-Okróschka
auf Molkebasis

Окрошка м'ясна на сироватці

Zubereitung

- Das Fleisch in einem Topf mit reichlich Salzwasser auf den Herd stellen, je nach Geschmack Zwiebeln, Lorbeerblatt, Pfefferkörner, Petersilienwurzel und Salz hinzugeben und so lange kochen, bis das Fleisch gar ist.
- Die Kartoffeln mit Schale kochen und anschließend schälen. Das Fleisch aus der Bouillon nehmen und abkühlen lassen, in Würfel schneiden.
- Die Gurken, die geschälten Kartoffeln und die hart gekochten, geschälten Eier in Würfel schneiden, Dill und Petersilie fein hacken, das Jungzwiebelgrün klein schneiden und im Mörser zerstoßen, damit es weich wird und Saft abgibt.
- Alle zerkleinerten Zutaten miteinander vermengen und salzen, anschließend den Sauerrahm, den Senf, die Molke und Fleischbouillon (je nach gewünschter Dicke oder Flüssigkeit der Suppe) hinzugeben und umrühren.

Bei einer *Okróschka* handelt es sich um eine kalte Suppe auf der Basis von Sauerrahm und Molke, ein ukrainisches und russisches Nationalgericht, das im Sommer auf der Speisekarte fast jedes Restaurants zu finden ist.

Zutaten

300 g beliebiges Fleisch (Schweine-, Rind- oder Hühnerfleisch)
Zwiebeln, Lorbeerblatt, Pfefferkörner, Petersilienwurzel und Salz (für die Fleischbouillon) ▪ 300 g Kartoffeln
300 g frische Gurken
4 hart gekochte Eier
je ½ Bund Dill und Petersilie
je 1 Bund Jungzwiebelgrün
Salz ▪ 200 g Sauerrahm
½ Esslöffel Senf ▪ 1 l kalte Molke

TIPP: Wenn die Molke sehr sauer ist, kann man noch eine Prise Zucker hinzugeben.

Kapitel 2
Kleine Gerichte

Schinkensoufflé

Запіканка особлива

Zubereitung

- Die Schinken- oder Schinkenspeckscheiben in einer Pfanne leicht anbraten, für die Croûtons von den Roggenbrotscheiben die Kruste abschneiden, das Brot in kleine Würfel schneiden und mit einem Teil der geschmolzenen Butter leicht anbraten.
- Die Eier mit Salz verquirlen, mit der Milch verrühren, das Mehl und den Sauerrahm hinzugeben und mit dem Mixer gut verrühren, anschließend den fein gehackten Dill und die Roggenbrotcroûtons hinzugeben und untermengen.
- Die Teigmasse in mit etwas Butter eingefettete Portionsbackformen füllen und die angebratenen Schinken- oder Schinkenspeckscheiben darauflegen, das Ganze im vorgeheizten Backofen bei 170 °C 10–15 Minuten knusprig braun backen und anschließend sofort servieren, da die Teigmasse schnell zusammenfällt.
- Vor dem Servieren das Soufflé mit der restlichen geschmolzenen Butter begießen.

> **TIPP: Als Beilage können gekochte Karotten und Salzkartoffeln – in Würfel geschnitten oder püriert – gereicht werden.**

Zutaten

4 Scheiben Schinken oder
geräucherter Schinkenspeck
4 Scheiben Roggenbrot
20 g geschmolzene Butter
8 Eier
Salz
100 ml Milch
1 Esslöffel Weizenmehl
40 ml Sauerrahm
2 Esslöffel frischer,
fein gehackter Dill
20 g Butter

Frühstück

Wurst, Käse, gebratene Eier gehören nicht zum klassischen Frühstück in der Ukraine. Kräftigende Suppen sowie *Káscha* aus Buchweizen, Haferflocken oder anderem Getreide ist vor allem am Land nach wie vor weit verbreitet. Auch alle in diesem Kapitel vertretenen „Kleinen Gerichte" werden typischerweise gerne zum Frühstück gereicht. Ebenso *Galuschkí* (Rezept S. 110), Waréniki in verschiedenen Varianten (Rezept S. 119/120 und 129/130), schnelle Waréniki (Rezepl S. 126), Beeren-Grießkuchen (Rezept S. 144), Apfelküchlein (Rezept S. 150), Topfengebäck mit Rosinen (Rezept S. 132), *Bliní* (Palatschinken) mit Äpfeln (Rezept S. 138) oder einfach bestrichen mit Konfitüre bzw. mit Sauerrahm und Lachskaviar angerichtet.

Regenbogenroulade

Завиванець «Райдуга»

8 Portionen

Zutaten

250 g Rote Rüben
150 g Karotten
3 Eier
2 Esslöffel Weizenmehl
200 g getrocknete Marillen
400 g Topfen
2 Esslöffel Zucker
2 Esslöffel Grieß
100 g Paniermehl
1 Esslöffel Pflanzenöl
1 Ei zum Bestreichen

Zubereitung

- Die Rote-Rübe-Knollen und die Karotten waschen, schälen und kochen, abkühlen lassen, klein reiben und miteinander vermischen, die Eier und das Mehl hinzugeben und vermengen.
- Die getrockneten Marillen in kaltem Wasser einweichen, dann in demselben Wasser kochen, bis sie weich sind und anschließend zerkleinern.
- Zum Topfen den Zucker und den Grieß hinzufügen und vermengen.
- Ein Geschirrtuch mit Paniermehl bestreuen, darauf zunächst das zerkleinerte Gemüse ausbreiten, dieses mit der Topfenmasse bestreichen und darauf die Marillen verteilen, das Ganze mithilfe des Geschirrtuchs zusammenrollen, die Roulade auf ein mit Pflanzenöl eingefettetes Backblech legen und mit dem leicht verquirlten Ei bestreichen.
- Die Roulade im vorgeheizten Backofen bei 180 °C 30 Minuten backen.
- Vor dem Servieren die Roulade in Scheiben schneiden.

„Schwiegermutter-Zunge"

Тещин язик

Zubereitung

- Die Melanzani waschen, den Stielansatz entfernen und sie der Länge nach in Scheiben von 5 mm Dicke schneiden. Anschließend salzen und 30 Minuten ziehen lassen, damit der bittere Geschmack verschwindet.
- Die Melanzanischeiben leicht auspressen, das Salz abspülen, trocken tupfen und anschließend in Pflanzenöl von beiden Seiten braten.
- Die gebratenen Melanzanischeiben auf ein Geschirrtuch legen, um das überschüssige Fett zu entfernen.
- Die frischen Kräuter waschen und klein schneiden, dann mit der Mayonnaise bzw. dem Sauerrahm vermengen. Die Knoblauchzehen schälen, durch die Presse drücken und zur Kräutermischung geben. Die Tomaten waschen und in Viertel schneiden.
- Die Melanzanischeiben mit der Mayonnaise- bzw. Sauerrahm-Kräutermischung bestreichen. Darauf an das Ende jeweils ein Tomatenstück legen und einrollen.
- Die Melanzanirollen auf einem Teller verteilen und mit frischen Kräutern garnieren.

4 Portionen

Zutaten

2 Melanzani
Salz
Pflanzenöl zum Braten
1 Bund frischer Dill
1 Bund frische Petersilie
2 Esslöffel Mayonnaise
(man kann auch Sauerrahm
verwenden)
4 Knoblauchzehen
2 Tomaten
Kräuter zum Garnieren

Palatschinkenrouladen

Рулетики з млинців

Zubereitung

- Die Arbeitsfläche mit Pergamentpapier auslegen, darauf die Palatschinken teilweise überlappend legen, sodass sie ein 35–40 cm breites Quadrat bilden.
- Die Oberfläche der Palatschinken mit Schmand bzw. dem Käse bestreichen.
- Den Lachs in dünne Scheiben schneiden und auf eine Hälfte des Palatschinkenquadrats legen. Den fein gehackten Dill auf dem Lachs verteilen.
- Das belegte Palatschinkenquadrat zu einer Roulade einrollen.
- Die Roulade in Frischhaltefolie einwickeln und für 2 bis 3 Stunden in den Kühlschrank legen.
- Zum Servieren die Roulade in 2 cm dicke Scheiben schneiden.

4 Portionen

Zutaten

4 fertig gebackene Palatschinken (26 cm Durchmesser)
230 g Schmand (man kann auch Schmelzkäse oder Philadelphia-Käse verwenden)
180 g schwach gesalzener Lachs
½ Bund frischer Dill

Käsekuchen
mit Kürbis und Äpfeln

6 Portionen

Сирна запіканка з гарбузом та яблуками

Zutaten

1 kg geschälter und
entkernter Kürbis
4–6 Esslöffel Zucker
100 g Grieß
Saft von ½ Zitrone
1 kg Äpfel
10 g Vanillezucker
2 Eier
3 Esslöffel Paniermehl
2 Esslöffel gemahlener Zimt
500 g Magertopfen

Butter und Paniermehl
für die Form

Zubereitung

- Den Kürbis in Stücke schneiden und in Wasser weich kochen, jedoch nicht zerkochen, dann die gesamte Flüssigkeit abseihen.
- Die Hälfte des Zuckers mit dem Grieß vermengen, die Kürbisstücke mit diesem Gemisch zerdrücken und dabei die Bildung von Grießklumpen nach Möglichkeit vermeiden, 20 Minuten ziehen lassen, damit der Grieß aufquillt.
- Den Zitronensaft in eine Schüssel geben, die Äpfel schälen, in Würfel schneiden und zum Zitronensaft geben, von Zeit zu Zeit umrühren, damit sie nicht braun werden. Eine Backform mit Butter einfetten und mit Paniermehl bestreuen.
- Zum Kürbisgrießbrei den Vanillezucker, ein Ei und drei Esslöffel Paniermehl hinzufügen, Masse in die Backform geben, glatt streichen und einen Esslöffel Zimt daraufstreuen.
- Die Apfelstücke einige Minuten in einer trocken erhitzten Pfanne dämpfen (sie sollen weich werden, jedoch nicht ihre Form verlieren), dann gleichmäßig auf der Kürbisgrießmasse verteilen, wiederum mit einem Esslöffel Zimt bestreuen.
- Das zweite Ei trennen, den Magertopfen mit dem restlichen Zucker und dem Eigelb verrühren, das Eiweiß zu steifem Schnee schlagen und vorsichtig unter die Topfenmasse heben, diese auf der Apfelschicht verteilen und im auf 200 °C vorgeheizten Backofen 25 Minuten backen (wenn die Oberfläche zu schnell braun wird, mit Backpapier abdecken). Den Käsekuchen abkühlen lassen, aus der Form nehmen, in Portionsstücke schneiden und servieren.

Überbackene Topfenpalatschinken

Налисники з сиром

ca. 4 Portionen

Zubereitung

- Für die Palatschinken die Eier mit der Butter, dem Zucker und Salz vermengen, mit der Hälfte der Milch verrühren, das Mehl hinzusieben, mit dem Handmixer zu einer homogenen Masse verrühren, dann den Rest der Milch untermixen.
- Den so erhaltenen zähflüssigen Teig in kleinen Portionen in eine eingefettete, erhitzte Bratpfanne gießen, etwa 16 dünne Palatschinken von beiden Seiten goldgelb backen.
- Für die Füllung den Topfen mit dem Sauerrahm, dem Ei und Salz mit dem Mixer durchmengen, dabei allmählich das Mehl hinzugeben.
- Eine Auflaufform mit Butter einfetten und mit Paniermehl bestreuen.
- In die Mitte jeder Palatschinke etwas von der Füllung geben und die Palatschinken einrollen, diese Rollen in zwei Schichten in die Auflaufform legen.
- Für den Guss alle Zutaten gut verrühren und diese Mischung in die Form gießen.
- Im vorgeheizten Ofen bei 210 °C etwa 20 Minuten backen.
- Vor dem Servieren die überbackenen Topfenpalatschinken in Portionen schneiden.

Zutaten

Für die Palatschinken
3 Eier
1 Esslöffel zerlassene Butter
70 g Zucker • Salz
ca. 400 ml Milch
320 g Mehl
etwas Butter zum Ausbacken

Für die Füllung
300 g Topfen
30 ml Sauerrahm
1 Ei • Salz • 10 g Mehl

Butter und Paniermehl
für die Auflaufform

Für den Guss
250 ml Sauerrahm
50 ml Milch • 1 Ei • Salz

Buchweizengebäck
(Gretschániki)

6 Portionen

Гречаники

Zutaten

10 g Hefe
250 ml Milch
2 Teelöffel Zucker
1 Ei
550 g Buchweizenmehl
Salz
2 Esslöffel Pflanzenöl (am besten Sonnenblumenöl)

TIPP: Das Gebäck noch heiß mit Sauerrahm servieren.

Zubereitung

- In einer Schüssel die Hefe in lauwarmer Milch unter Zugabe von Zucker auflösen, das Ei hinzugeben, das Buchweizenmehl darübersieben und salzen.
- Einen festen Teig kneten und für 1 ½–2 Stunden an einem warmen Ort aufgehen lassen.
- Den Teig, nachdem er aufgegangen ist, erneut durchkneten und wieder an einen warmen Ort stellen, damit er weiter aufgeht.
- Den fertigen Teig auf ein mit Mehl bestreutes Brett legen und aus ihm dünne, rechteckige Riegel formen, diese auf ein mit Backpapier ausgelegtes Backblech legen und 15–20 Minuten gehen lassen.
- Auf den Teigriegeln mit einem mit Pflanzenöl eingefetteten Messer im Abstand von 2–3 cm Einschnitte vornehmen und die Riegel im vorgeheizten Backofen bei 200 °C 20–25 Minuten backen.
- Die noch heißen Buchweizenriegel mit erwärmtem Pflanzenöl bestreichen und entlang der Einschnittstellen zerteilen.

Karotten-Topfen-Auflauf

Морквяно-сирна запіканка

Zubereitung

- Die Karotten waschen, schälen und fein raspeln, die Eier in Eiweiß und Eigelb trennen.
- Die Milch in einer Kasserolle erhitzen, die fein geriebenen Karotten, 2 Esslöffel Zucker, Salz und die Butter hinzugeben, das Ganze mit einem Deckel abdecken und bei mittlerer Hitze gar dünsten, von Zeit zu Zeit umrühren, um ein Anbrennen zu vermeiden.
- Anschließend den Grieß einrühren und 5–7 Minuten bei mittlerer Hitze kochen, in diese Karottenmasse die verquirlten Eigelb hinzugeben und gut umrühren, anschließend abkühlen lassen.
- Den Topfen gut durchrühren, mit dem Sauerrahm vermengen, die Eiweiß zu steifem Schnee schlagen, den Topfen mit der Karottenmasse und dem Eischnee sorgfältig verrühren und 1 Esslöffel Zucker hinzugeben.
- Eine Auflaufform mit Butter einfetten und mit Paniermehl bestreuen, die Topfen-Karotten-Masse in der Form verteilen, glatt streichen und im auf 180–200 °C vorgeheizten Ofen 25–35 Minuten garen, mit Sauerrahm servieren.

Zutaten

500 g Karotten • 2 Eier
250 ml Milch
3 Esslöffel Kristallzucker
1 Prise Salz • 75 g Butter
3 Esslöfffel Grieß
250 g Topfen
100 ml Sauerrahm

Butter und Paniermehl
für die Form

TIPP: Je nach Belieben kann man der Topfenmasse vor dem Garen getrocknete Früchte, Nüsse, Vanille und Zimt beigeben.

Kapitel 3
Kalte Gerichte

Salat „Vinaigrette"
Вінегрет

8 Portionen

Zubereitung

- Die Rote Rübe schälen, in Würfel oder Scheibchen schneiden und in einen tiefen Teller geben.
- Die Karotten ebenfalls schälen, in Scheiben schneiden und mit den Rote-Rübe-Stücken vermischen.
- Die Kartoffeln mit Schale gar kochen, etwas abkühlen lassen, schälen, ebenfalls in Würfel schneiden und dem zerkleinerten Gemüse beifügen.
- Die Salzgurken in Würfel schneiden und die überschüssige Flüssigkeit abgießen, das Sauerkraut verlesen und gut auspressen, wenn es zu sauer ist, mit Wasser abspülen und eventuell klein schneiden.
- Alles zum Gemüse hinzugeben und zum Schluss auch die grünen Erbsen und das fein gehackte Jungzwiebelgrün sowie Pflanzenöl hinzufügen und sorgfältig durchmischen.

Zutaten

1 gekochte Rote Rübe
1–2 gekochte Karotten
4–5 Kartoffeln
3 Salzgurken
100 g Sauerkraut
4 Esslöffel grüne Erbsen aus der Dose
50 g Jungzwiebelgrün
4–5 Esslöffel Pflanzenöl

Als „Vinaigrette" bezeichnet man in Russland, der Ukraine und anderen Ländern der ehemaligen Sowjetunion im Unterschied zu Westeuropa einen Gemüsesalat, für den es verschiedenste Varianten gibt.

TIPP: Salat „Vinaigrette" kann man auch mit Mayonnaise anrichten oder aber ein Salatdressing herstellen: Hierzu einen Teelöffel Senf und Salz (nach Geschmack) mit Pflanzenöl vermengen und mit 60 ml 2- bis 3%igem Essig verrühren, vor dem Servieren den fertigen Salat „Vinaigrette" in Salatschälchen verteilen und mit grünen Erbsen und fein gehacktem Jungzwiebelgrün bestreuen.

TIPP: Ein sehr gutes Ergebnis wird durch vorheriges Marinieren des Fleisches erzielt, dann wird der gebratene Schinken wesentlich weicher und saftiger. Hierzu 3–4 Knoblauchzehen schälen und in Hälften oder Viertel schneiden, 2 Zwiebeln schälen und in große Scheiben schneiden, schwarze Pfeffer- und Pimentkörner zerstampfen, jedoch nicht mahlen, ein Lorbeerblatt waschen und in mehrere Teile zerbrechen (nach Wunsch kann man auch Wacholder, Rosmarin, Koriandersamen, Senfkörner und Kreuzkümmel hinzufügen). 700 ml trockenen Rotwein in einen breiten Topf gießen und ½ Teelöffel Salz bis zur vollständigen Auflösung hineinrühren, die Zwiebelscheiben, den Knoblauch und die übrigen Gewürze hinzufügen und zuletzt das Fleisch hineinlegen (das Fleisch muss vollständig von Flüssigkeit bedeckt sein, notfalls noch Marinade hinzufügen). Den Topf mit dem Deckel zudecken und für 2–3 Tage in den Kühlschrank stellen. Vor dem Garen das Fleisch aus der Marinade nehmen (die Marinade nicht weggießen), sorgfältig mit Küchenpapier abtupfen und 40–60 Minuten vollständig trocknen und Zimmertemperatur annehmen lassen. Etwas von der Marinade in die Bratform gießen und das Fleisch während des Garens mit der Marinade begießen.

10–12 Portionen

Zutaten

2 kg nicht allzu fettes Schweinefleisch (Keule) ▪ 1 Knoblauchzehe ▪ 5 Lorbeerblätter ▪ schwarze und weiße Pfefferkörner (Menge je nach gewünschter Schärfe) schwarzer gemahlener Pfeffer Salz ▪ 3 Esslöffel Pflanzenöl Küchengarn

Hausgemachter gebratener Schinken

Zubereitung

▪ Den Backofen auf 200–210 °C vorheizen, den Knoblauch in Stifte schneiden und das Fleisch damit spicken (mit einem dünnen scharfen Messer kleine, nicht tiefe Einschnitte am Fleisch vornehmen und in diese Einschnitte die Knoblauchstifte stecken, wenn das Fleisch zu mager ist, kann man in diese Einschnitte zusätzlich kleine Speckstücke stecken, wer Schärfe wünscht, spickt das Fleisch zusätzlich mit kleinen Chilistücken).

▪ Anschließend die Lorbeerblätter und je einige zerstampfte schwarze und weiße Pfefferkörner in die Spickeinschnittte geben.

▪ Das Fleisch mit Salz und gemahlenem Pfeffer einreiben und straff mit Küchengarn zusammenbinden.

Буженіна домашня

- Eine Bratform mit Pflanzenöl einfetten und das Fleisch mit der Fettseite nach oben hineinlegen.
- Im vorgeheizten Backofen auf dem Boden bei 180 °C 40 Minuten braten. Anschließend den Rost mit der Bratform auf die mittlere Schiene des Backofens schieben.
- Das Fleisch wiederholt (alle 10–15 Minuten) mit dem austretenden Saft begießen (wenn es an der Oberfläche anzubrennen droht, mit Alufolie, Backpapier oder einem Krautblatt abdecken).
- Das Fleisch etwa 2 Stunden braten, bis es gar ist (zur Überprüfung mit einem scharfen Messer durch das

Fleisch stechen – der austretende Fleischsaft ist durchsichtig, wenn das Fleisch gar ist).
- Den fertigen Braten aus dem Backofen nehmen, in Alufolie einwickeln und 20 Minuten ruhen lassen.
- Wenn der gebratene Schinken heiß serviert werden soll, in nicht zu dünne Scheiben schneiden – das Fleisch würde unter dem Messer zerbröckeln –, sondern in 1 cm dicke Scheiben schneiden. Kalter Kochschinken lässt sich wesentlich leichter in dünne Scheiben schneiden.
- Den Kochschinken mit Senf, Meerrettich oder Pfeffersauce servieren.

Leberpastete

10 Portionen

Паштет печінковий

Zutaten

600 g Rinderleber
2 Zwiebeln
3 Karotten
etwas Sonnenblumenöl
zum Anbraten
Salz
Pfeffer
200 g Butter

Zubereitung

- Die Leber waschen und die Haut entfernen, die Gallengänge herausschneiden und die Leber in kleine Stücke schneiden.
- Die Zwiebeln und die Karotten schälen, klein schneiden und scharf in heißem Sonnenblumenöl anbraten, dann die Leberstücke hinzugeben und alles zusammen 10 Minuten lang gar braten, danach salzen und pfeffern.
- Nach dem Abkühlen die Leber-Gemüse-Masse zusammen mit der Butter zweimal durch den Fleischwolf drehen, sorgfältig umrühren und mit knusprigen Semmeln oder Toast servieren.

Pilzkaviar

Ikpa грибна

Zubereitung

- Getrocknete Pilze 6–12 Stunden einweichen, frische Pilze putzen, in Stücke schneiden und in 1,5 l Wasser unter Zugabe des Lorbeerblatts und der Piment-körner 20 Minuten lang kochen.
- Die gegarten Pilze abseihen, die Pilzbouillon auffangen, die Pilze durch den Fleischwolf drehen, salzen und pfeffern.
- Die Zwiebeln fein hacken und im Pflanzenöl goldgelb braten.
- Den Knoblauch mit Salz zerdrücken, die Pilze mit den gebratenen Zwiebeln, Zucker, Knoblauch, Essig und etwas Pilzbouillon vermischen und kurz erhitzen.
- Nach dem Abkühlen mit leicht geröstetem Schwarzbrot servieren und mit frischen Kräutern garnieren.

Zutaten

250 g getrocknete oder
2 kg frische Pilze
1 Lorbeerblatt
einige Pimentkörner
Salz
schwarzer gemahlener Pfeffer
2 Zwiebeln
50 ml Pflanzenöl
3 Knoblauchzehen
½ Teelöffel Zucker
1 Teelöffel 3%iger Essig

Gemüsekaviar

Iкра овочева

4 Portionen

Zutaten

1 Paprika
100 g Melanzani oder
Zucchini
100 g Karotten
1 Zwiebel
100 g Weißkraut
1 Esslöffel Pflanzenöl
1 Esslöffel Tomatenmark
Salz
rotes Paprikapulver
2 Knoblauchzehen
1 Esslöffel Essig
frische fein gehackte Petersilie

Zubereitung

- Die Paprika und die Melanzani bzw. Zucchini im Backofen rösten, abkühlen lassen, häuten und klein schneiden.
- Die Karotten, die Zwiebel und das Weißkraut in kleine Würfel schneiden.
- Die Zwiebel- und Karottenwürfel in Pflanzenöl anbraten, das Kraut hinzugeben und weiterbraten.
- Das geröstete und gehäutete Gemüse sowie das Tomatenmark hinzugeben und alles zusammen 10–15 Minuten dünsten, dann salzen, mit rotem Paprikapulver, dem fein gehackten Knoblauch und mit Essig verfeinern, anschließend nochmals 2–3 Minuten schmoren lassen.
- Den Gemüsekaviar kalt und mit fein gehackter Petersilie garniert servieren.

> Ein typisches Gericht der südukrainischen Küche ist Melanzanikaviar (Rezept s. S. 13).

Hausmacherwurst

Ковбаса домашня

12 Portionen

Zubereitung

- Das Schweinefleisch in Stücke von nicht mehr als 20 g schneiden, den geschälten, fein gehackten Knoblauch, das Salz sowie den frisch gemahlenen Pfeffer hinzugeben und alles zu einer einheitlichen Masse kneten.
- Die küchenfertig vorbereiteten Darmschläuche in etwa 70 cm lange Stücke schneiden und mit der Wurstmasse füllen (**Bild 1**), die gefüllten Darmschläuche zu Spiralen formen und mit einer Schnur an den Enden zusammenbinden.
- Für 5–6 Stunden an einen kühlen Ort stellen, damit das Fleisch gleichmäßig durchgesalzen wird, anschließend die Würste an einigen Stellen mit einem Zahnstocher einstechen (**Bild 2**) und in Salzwasser 20 Minuten kochen.
- Dann die Würste aus dem Wasser nehmen, abtrocknen und auf beiden Seiten in einer Pfanne knusprig braun braten.

Zutaten

1,5 kg weiches, mittelfettes
Schweinefleisch
(gut eignet sich Schweinehals)
8 Knoblauchzehen
2 Teelöffel Salz
8 schwarze Pfefferkörner
20 g Schweinedarm

55

Sülze

Холодець

8 Portionen

Zutaten

250 g Schweinshaxe • 750 g
zartes mageres Schweinefleisch
150 g Gemüse (Zwiebel, Karotte,
Petersilie) • Salz • 1–2 Lorbeerblätter • je 5 schwarze Pfeffer-
und Pimentkörner • frisch
gemahlener schwarzer Pfeffer

TIPP 1: Um die Sülze gut aus der
Form stürzen zu können, den Boden der Form für einige Sekunden
in heißes Wasser tauchen.

TIPP 2: Als Beigabe zur Sülze
eignen sich Senf oder geriebener
Kren.

Zubereitung

- Das Fleisch waschen, die Haxen sorgfältig putzen (man kann sie längs in zwei
  Hälften schneiden), alles in einen großen Kochtopf geben, mit kaltem Wasser
  auffüllen und zum Kochen bringen.
- Das kochende Wasser abgießen, das Fleisch wieder mit Wasser auffüllen, erneut
  zum Kochen bringen und den sich bildenden Schaum abschöpfen, anschließend
  mit dem Deckel abdecken und 3–4 Stunden bei geringer Hitze kochen lassen
  (wenn man die Bouillon bei zu starker Hitze kochen lässt, wird sie trüb).
- Die Zwiebel ungeschält waschen, die Wurzeln und die Spitze abschneiden und
  in den Topf zum Fleisch geben (die Zwiebelschale verleiht der Bouillon eine
  schöne goldglänzende Farbe).
- Restliches Gemüse waschen, putzen, der Bouillon beigeben, nochmals etwa
  30 Minuten kochen lassen, gegen Ende der Kochzeit die Bouillon mit Salz abschmecken, Lorbeerblätter sowie Pfeffer- und Pimentkörner hinzugeben, anschließend die
  Hitzezufuhr einstellen und die Bouillon mit dem Fleisch 1 Stunde ziehen lassen.
- Das Fleisch anschließend herausnehmen, von den Knochen lösen, in Würfel
  schneiden und in einer großen Form oder auf 8 kleine Förmchen verteilen.
- Von der Oberfläche der Bouillon das überflüssige Fett abschöpfen und das
  Fleisch in der Form (in den Förmchen) mit der Bouillon auffüllen, mit frisch
  gemahlenem schwarzem Pfeffer bestreuen und anschließend die Form (die
  Förmchen) zum vollständigen Abkühlen in den Kühlschrank stellen.

Salat
„Hering im Pelzmantel"

Оселедець під шубою

Zubereitung

- Die Heringsfilets in kleine Stücke schneiden (4 dünne Scheiben zur Verzierung beiseitelegen).
- Das Gemüse waschen, die Kartoffeln, Karotten, Rote Rüben und die Eier gar kochen.
- Die Zwiebeln fein hacken und mit Salz, Zucker und einem Teelöffel Essig würzen, das Zwiebelgemisch gut umrühren und 10 Minuten ziehen lassen.
- Gekochtes Gemüse schälen, in Würfel schneiden, die Eier schälen und fein hacken.
- Für das Dressing Sauerrahm, Zitronensaft und Senf miteinander verrühren und salzen.
- Auf 4 Teller jeweils eine Scheibe Schwarzbrot legen und darauf jeweils einen Garnierring (8–10 cm Durchmesser, 6–7 cm hoch) pressen (die ausgestochenen Brotscheiben bleiben in den Garnierringen, die Brotreste außerhalb des Rings entfernen).
- Dann in jeden Ring auf das Brot jeweils eine Schicht eingelegte Zwiebeln legen und mit einer Schicht klein geschnittener Heringsfilets bedecken, diese mit Salatdressing bestreichen.
- Anschließend in Schichten die Kartoffeln, die Karotten, die Eier und die Rote Rüben einfüllen, dabei jede der Schichten leicht salzen und mit Salatdressing bestreichen.
- Die Garnierringe entfernen und die „Salattörtchen" mit fein gehacktem Schnittlauch, jeweils einem halben Wachtelei und einem Stück Heringsfilet garnieren.

Zutaten

2 schwach gesalzene
Heringsfilets ▪ 3 Kartoffeln
2 Karotten ▪ 2 Rote Rüben
2 Eier ▪ 1 Zwiebel ▪ Salz
Zucker ▪ 1 Teelöffel Essig
4 Scheiben Schwarzbrot
Schnittlauch zum Garnieren
2 gekochte Wachteleier

Für das Dressing
200 g nicht allzu fetter
Sauerrahm ▪ ¼ Zitrone
1 Esslöffel Senf ▪ Salz

TIPP: Wer es deftig mag, kann statt des Dressings Mayonnaise verwenden.

Forschmák
(„Vorspeise")

Форшмак

6 Portionen

Zutaten

250–300 g Heringsfilet
(schwach gesalzen)
1–2 saure oder süß-saure Äpfel
1 Zwiebel mittlerer Größe
1 hart gekochtes Ei
1 Scheibe Weißbrot ohne
Kruste
100 g Butter
frisch gemahlener
schwarzer Pfeffer
6 Schwarzbrotscheiben
fein gehacktes
Jungzwiebelgrün oder
Schnittlauch zum Garnieren

Zubereitung

- Das Heringsfilet in Stücke schneiden, die Äpfel waschen, schälen, vom Kerngehäuse befreien und in Würfel schneiden, die Zwiebel und das Ei schälen und in Würfel schneiden.
- Das Brot in wenig Wasser einweichen und zum Aufquellen stehen lassen, das aufgequollene Brot anschließend gut auspressen.
- Die Butter bei Zimmertemperatur weich werden lassen.
- Alle Zutaten durch den Fleischwolf drehen und anschließend mit dem Mixer zu einer einheitlichen Masse verrühren.
- Mit im Toaster geröstetem Schwarzbrot servieren und mit fein gehacktem Jungzwiebelgrün oder Schnittlauchröllchen servieren.

Forschmák (fein gehackter Hering mit verschiedenen Zutaten).
Die Bezeichnung dieses typisch jüdischen Gerichts leitet sich vom
deutschen „Vorgeschmack" = Vorspeise ab.

Aufstrich aus Schweinespeck
mit Knoblauch

Закуска з сала з часником

12 Portionen

Zubereitung

- Die Schwarte vom Schweinespeck entfernen, den Schweinespeck anschließend waschen und mit Papiertüchern abtupfen, in Stücke schneiden und diese
durch den Fleischwolf drehen.
- Den Knoblauch schälen und durch die Knoblauchpresse drücken oder mit
einem Messer fein hacken.
- Den gepressten oder fein gehackten Knoblauch, die Gewürze, das Salz und den
fein gehackten Dill zum zerkleinerten Schweinespeck hinzugeben und sorgfältig
untermengen.

TIPP: Dieser Imbiss schmeckt am besten mit frischem Schwarzbrot und fein
gehacktem Jungzwiebelgrün bzw. Schnittlauch oder mit Roggenbrötchen.
Er ist auch eine hervorragende Ergänzung zum Borschtsch.

Zutaten

500 g gepökelter Schweinespeck (reines Fett, nicht mit
Fleisch durchwachsen)
3–4 Knoblauchzehen
Gewürze (Kreuzkümmel,
Koriander, Basilikum,
rotes Paprikapulver)
Salz
½ Bund frischer Dill

Salat
mit marinierten Hallimaschen

Салат з маринованими опеньками

4 Portionen

Zutaten

300 g marinierte Hallimasche
1 Zwiebel
1 Apfel
3 Esslöffel Pflanzenöl
Salz
schwarzer gemahlener Pfeffer
1 Esslöffel fein gehackte
frische Petersilie

Zubereitung

- Die Hallimasche wenn nötig klein schneiden, die Zwiebel schälen, halbieren und zu Halbringen schneiden, den Apfel schälen, entkernen und mit der groben Reibe raspeln.
- Die vorbereiteten Zutaten miteinander vermengen und mit Pflanzenöl, Salz und Pfeffer in einer Salatschüssel anrichten, den Salat mit Zwiebelringen garnieren und mit fein gehackter frischer Petersilie bestreuen.

Oliviersalat

Олів'є

Zubereitung

- Die Kartoffeln und Karotten gründlich waschen, in leicht gesalzenes Wasser geben und etwa 30 Minuten gar kochen.
- Das gekochte Fleisch, die Salzgurken und die geschälten Eier in kleine Würfel schneiden (ein Eigelb zum Verzieren beiseitelegen).
- Die gekochten Kartoffeln und Karotten schälen und ebenfalls in kleine Würfel schneiden, alle in Würfel geschnittenen Zutaten durchmischen.
- Die grünen Erbsen abseihen und ebenfalls untermischen.
- Anschließend den Salat mit Mayonnaise vermengen, salzen, pfeffern und mit dem verbliebenen in Würfel geschnittenen Eigelb und fein gehacktem Jungzwiebelgrün oder Schnittlauchröllchen garnieren.

> **Der Salat ist nach dem französischen Koch Lucien Olivier benannt, der in den 1860er Jahren in Moskau ein berühmtes Restaurant betrieb. Sein ursprüngliches Feinschmeckerrezept mit Haselhuhnfleisch, schwarzem Kaviar, Flusskrebsen usw. wurde in späterer Zeit jedoch wesentlich verändert und vereinfacht. Im westlichen Europa ist das Gericht als „Russischer Salat" bekannt.**

8-10 Portionen

Zutaten

300 g Kartoffeln
180 g Karotten
400 g mageres gekochtes
Rind- oder Schweinefleisch
350 g Salzgurken
5 hart gekochte Eier
400 g grüne Erbsen
aus der Dose
100 ml Mayonnaise
Salz
schwarzer gemahlener Pfeffer
fein gehacktes
Jungzwiebelgrün oder
Schnittlauch zum Garnieren

Speck und Wodka

Weltweit ruft das Wort „Speck" sofort Assoziationen mit der ukrainischen Küche wach. Schweinespeck genießt unter den Ukrainern große Beliebtheit. Das Wort *ssálo* (Speck) kommt vom altslawischen *ssádlo* (sich setzen). Man kann hier eine Analogie erkennen: Der Speck „setzt sich" gleichsam auf das Fleisch, befindet sich oben darauf, „sitzt" also angemessen am Fleisch wie ein Kostüm am Körper. In manchen westslawischen Sprachen – wie beispielsweise im Slowakischen – hat sich die archaische Form des Wortes als *ssádlo* erhalten.

Ungeachtet dessen, dass der Schweinespeck heute als ein Symbol für die ukrainische Küche schlechthin steht, findet sich die erste Erwähnung der Verwendung von Speck beim Essen im antiken Rom, wo sich die Steinbrucharbeiter davon ernährten. Speck ist ein äußerst kalorienreiches Lebensmittel, mit dem man – nur einige wenige Stücke auf leeren Magen genossen – schnell seinen Appetit zügeln kann. Zudem ist er in gepökeltem Zustand weitaus leichter zu lagern als Fleisch. Die alten Römer nahmen Speck der Sorte Lardo (ital. für Speck) als Imbiss mit und aßen ihn zusammen mit Brot, Tomaten und Oliven. Der Lardo wurde in speziellen Trögen aus Carrara-Marmor, welche die für die Zubereitung des Specks notwendige Temperatur und Feuchtigkeit aufrechterhielten, gereift. Der Schweinespeck wurde hierzu mit Meersalz eingerieben, der Trog dagegen mit Knoblauch, wonach das Lebensmittel für lange Zeit mit einer speziellen Gewürzmischung dort eingelegt wurde. So verpackt reifte der Speck sechs Monate lang in Weinkellern oder Marmorgrotten. Allmählich stieg der Lardo von einem Arme-Leute-Essen zum Nationalgericht auf, welches auch für den Export bestimmt war. Als billige, wohlschmeckende und nahrhafte Speise war der Lardo also schon im alten Rom bekannt. Kaiser Justinian hatte ein Gesetz erlassen, wonach die Armeen der römischen Legionäre mit ihm beliefert und versorgt werden sollten. Der hl. Benedikt, der Gründer des berühmten Benedik-

tinerordens, erlaubte seinen Klosterbrüdern den Verzehr von Speck. Er wurde als genauso nützlich wie Schweinefleisch erachtet, weil er untrennbar mit dem Schwein verbunden war, ebenso wie der Wein mit dem Weinstock. Aus dem Speck wurden auch Kerzen hergestellt, mit denen die Mönche an den Abenden über den Büchern brüten konnten. So sind wir also dem Speck schon durch die mittelalterlichen Handschriften verpflichtet. Er ist in ihnen häufig anzutreffen: „Nachdem sich die Mönchsköche die Hände und das Gesicht gewaschen und die drei vorgeschriebenen Gebete verrichtet haben, waschen sie die Bohnen in drei Wässern und stellen sie dann in einem Wasserkessel zum Kochen aufs Feuer. Danach füllen sie sie in ein anderes Gefäß mit dicht abschließendem Deckel um. Die Bohnen richten sie mit Schweinespeck an. Den Speck darf man nicht während des Kochens des Gemüses hinzugeben, sondern erst ganz zum Schluss." Man sagt, dass Christoph Kolumbus seine Matrosen nur dank dem Speck so lange in unbekannten Gewässern halten konnte, welcher in den Schiffsladeräumen aufbewahrt war. Im Unterschied zum geschmacklosen Pökelfleisch war dies unter den Bedingungen der Seefahrt eine wahre „Götterspeise".

Auch gebraten wird der Speck gerne verzehrt.

Das Interesse an Speck in der Ukraine wuchs im 16. Jahrhundert, als sich die Überfälle der Tataren und Türken aus dem Osmanischen Reich häuften, welche Schweinefleisch für Speisen nicht verwendeten. So wurde zusammen mit dem Schweinefleisch auch der Schweinespeck populär. Zum Überleben ohne Kühe und Schafe waren große Fleischvorräte

Schweinespeck wird in der Ukraine fast kultisch verehrt, er gilt als nationale „Droge". Auch in Poltawa findet ein Speckfest statt.

gefragt, Schweinespeck aber eignete sich hervorragend zum Lagern. Findige Ukrainer rieben aufgrund der religiösen Abscheu der Muslime vor dem Speck auch andere Lebensmittel damit ein, um die Eindringlinge durch den Geruch von Schweinefleisch abzuschrecken. Es wurden sogar speziell damit eingefettete Leintücher hergestellt und über dem Kellereingang aufgehängt. Dadurch konnte der Ukrainer seinen Keller mit Lebensmittelvorräten vor dem Ausrauben durch Muslime schützen.

In Salz eingelegter Schweinespeck, mit Pfeffer und Salz gewürzt, wurde zum Symbol der ukrainischen Küche schlechthin.

Schweinespeck – gepökelt, luftgetrocknet oder geräuchert – wird auf verschiedene Weise verwendet. Er kann eine eigenständige Mahlzeit darstellen oder als Vorspeise oder Imbiss dienen. Der Speck kann in Form von Grieben zu Brot oder Kartoffeln gegessen oder als Füllung für Piroggen verwendet werden. Mit Speck wird ein Braten gespickt. Gerichte wie Schmorfleisch mit Kartoffeln, mit Knoblauch gespickte ukrainische Teigtaschen oder Fleischrouladen kommen nicht ohne dieses wichtige Element der ukrainischen Küche aus.

Kultstatus genießen in der Ukraine aber nicht nur Gerichte mit Schweinespeck, sondern auch der Humor darüber: Ulklieder über *„Ssálo"* den „weißen aromatisch duftenden Schweinespeck" oder die scherzhafte Hymne *„Ssojús neporúschnyj ljubýteliw ssála"* (Unverbrüchliche Union der Speckliebhaber, eine Parodie auf die Sowjethymne), die Schokoriegeln *Ssálo w schokoládje* (Speck in Schokolade, wobei es sich aber um von dunkler Schokolade verhüllte weiße Schokolade handelt, die den Speck symbolisieren soll), zahlreiche gebrochene Rekorde des größten Schmalzbrotes usw. wuchsen sich zu einem wahren Nationalsport aus, der eine Art Kult um den Schweinespeck begründete. Der allgemeine „Speckwahn" treibt noch weiterhin Blüten: 2008 versuchten Speckfans in Luzk eine „Partei der Speckliebhaber" zu gründen und 2011 wurde in Lwiw (Lemberg) ein Speckmuseum eröffnet, in dem – neben Bildern und Fotografien zum Thema – Speckfiguren historischer und literarischer Persönlichkeiten wie beispielsweise Marilyn Monroe, Taras Bulba (ein berühmter Kosak aus einer

Als „Ssálo" werden in der Ukraine alle Speckvarianten vom reinen weißen Selchspeck bis hin zum fleischig-durchzogenen Speck benannt. Für Vorspeisen und Imbisse ist eine Kombination aus verschiedenen Specksorten besonders verbreitet.

In Lwiw (Lemberg) gibt es sogar ein Speck-museum mit angeschlossenem Restaurant, in dem verschiedenste Spezialitäten verkostet werden können.

Erzählung von Nikolaj Gogol) und Nikolaj Gogol selbst zu sehen sind. Als Souvenir kann man dort Eis mit Speck oder echten Speck in Schokolade käuflich erwerben. Alljährlich finden in der Ukraine spezielle Festivals und Messen zum Thema „Speck" statt, zum Beispiel *Werchowínskoje Ssálo*, wo die Besucher Specksorten nach Belieben verkosten können. In der Ukraine gibt es sogar eine Zeitschrift mit dem „Codenamen" *Ssálo*.

Zwíkli (Rote Rübe mit Kren)

Die aus der jüdischen Küche stammenden *Zwíkli*, also eine Würzpaste aus Roten Rüben mit Kren, ist eine der beliebtesten Zutaten beim Genuss von *Ssálo*.

ZUTATEN

250 g Krenwurzel · 250 g Rote Rübe
200 ml kaltes abgekochtes Wasser
3 g Salz · 1 Esslöffel 9%iger Essig

ZUBEREITUNG

- Die Krenwurzel waschen, schälen und nochmals waschen, dann mit einer Reibe klein reiben oder durch den Fleischwolf drehen. Die Rote Rübe waschen, schälen und mit einer Reibe klein reiben.
- Den zerkleinerten Kren in einer Schüssel mit der zerkleinerten Roten Rübe vermischen. Das kalte abgekochte Wasser, Salz und Essig hinzugeben, alles gut vermengen, das Gemisch in ein Glas mit Schraubverschluss füllen und im Kühlschrank aufbewahren.

Die beliebtesten Imbisse zu Wodka

1. Speck ist ein ursprünglicher Imbiss zu Wodka. Es gibt zahlreiche Varianten, ihn zu Tisch zu servieren:

- Eingefrorenen Speck in dünne Scheiben schneiden (wie einen Span hobeln) und mit Salz und schwarzem, gemahlenem Pfeffer bestreuen; am besten schmeckt der so servierte Speck, wenn er noch nicht ganz aufgetaut ist, deshalb sollte man von einem Stück nicht auf einmal zu viele Scheiben herunterschneiden.
- Gepökelter Speck wird häufig unmittelbar nach seiner Entnahme aus der Salzlake serviert.
- Geräucherter Speck, der im Übrigen nicht nur zu Wodka, sondern auch zu anderen alkoholischen Getränken passt.
- Als Aufstrich: Gepökelter (in seltenen Fällen roher) Schweinespeck wird durch den Fleischwolf gedreht, mit dem Mixer weiter zerkleinert, mit Kräutern und Knoblauch gewürzt, zu einer einheitlichen Masse vermengt (manche Hausfrauen fügen der Masse noch Pflanzenöl, Gewürze und Zwiebeln bei) und auf Schwarzbrot gestrichen (Rezept s. S. 59).

2. Salzgurken und Wodka sind eine weitere, sehr typische traditionelle Kombination. Wenn sich zu Hause nichts anderes Saures mehr findet, dann kann man durchaus mit einem Glas eingemachter Salzgurken aus dem Laden auskommen.

3. Sülze zu Wodka zu essen, ist nicht einfach nur köstlich, sondern sogar am bekömmlichsten: In dieser Speise sind alle notwendigen Stoffe vorhanden, die der Organismus zur Verdauung von Alkohol braucht: Alkohol erzeugt ein Defizit der α-Aminosäure Glycin, das wieder aufzufüllen die Knorpel helfen, auf deren Basis die Sülze gekocht wird. Die Brühe und die Proteine helfen, Oxidationsprodukte und Aldehyde zu binden und aus dem Organismus auszuscheiden. Eine gut gekochte Sülze aus Schweine-, Rind- oder Hühnerfleisch – mit Kren oder Senf serviert – ist eine königliche Ergänzung zu jeder Speisetafel (mit den scharfen Zutaten sollte man allerdings vorsichtig umgehen, denn sie verlangsamen die Spaltung und damit die Verdauung des Alkohols).

4. Kartoffeln eignen sich als Imbiss zu Wodka praktisch in jeder Form: gekocht, gebraten usw. Der Klassiker sind junge Salzkartoffeln mit Butter und Schnittlauch – sie passen hervorragend zu Hering, Speck und Fleischspeisen.

5. Butterbrote (oder **belegte Brote**) sind eines der einfachsten, schnell zubereiteten und vielfältigsten Imbisse zu Wodka. Sie lassen sich wiederum gut mit Speck, Hering oder Salzgurken kombinieren. Am meisten verbreitet sind jedoch die Wurst- und Käsebrote, als am meisten bevorzugt und „edel" gelten die mit einer dünnen Schicht Butter und rotem Kaviar belegten Brote.

6. Eingelegte Pilze können mit frischen Zwiebeln und/oder Schnittlauch und mit etwas Sonnenblumenöl angerichtet serviert werden.

7. Hering bietet vielfältige Möglichkeiten: Man kann ihn in kleine Stücke schneiden und mit Zwiebeln servieren, mit ihm Brote belegen, einen leichten Salat aus Hering, Gemüse und Oliven zubereiten oder eine Fischpaste auf der Basis von Hering herstellen usw.

8. Roten Kaviar kann man geradewegs mit dem Löffel dazuessen (wenn es die Menge erlaubt). Man kann aber auch Appetithäppchen (*Canapés*) oder Butterbrote damit belegen oder man verwendet ihn als Bestandteil aufwendigerer Imbisse zu Wodka.

9. Tomaten, eingelegt oder gesalzen, als ganze oder in Scheiben bzw. Viertel geschnitten, rote, grüne oder Kirschtomaten – der Varianten gibt es viele. Sie passen gut zu einem Teller mit saurem Gemüse (Sauerkraut, Salzgurken und eingelegter Paprika), welcher zu Wodka serviert wird.

10. Schaschlik aus Schweine-, Lamm- oder Hühnerfleisch – als Imbiss zu Wodka passen alle Fleischsorten, wenn sie saftig und abrundend gewürzt sind.

Auch roher Fisch, wie Hering, wird gerne als Imbiss zum Wodka gereicht.

Schaschlik und Wodka – eine gute Kombination

Kapitel 4
Hauptgerichte
Fleisch & Geflügel

Kiewer Kotelett
Котлети по-київськи

Zubereitung

- Die Butter durchkneten, dabei mit dem fein gehackten Dill vermengen und salzen, in Frischhaltefolie in Form einer Wurst einrollen und kalt stellen.
- Von den Flügelknochen den unteren Teil abschneiden und vom oberen Knochenteil das Fleisch entfernen, damit dieser Knochen beim Essen jeweils zum Festhalten der „Koteletts" dienen kann.
- Die Hähnchenbrustfilets längs in jeweils ein großes und kleines Filetstück zerteilen (**Bilder 1 und 2**), die längs der Filets verlaufenden Sehnen (z. B. zu sehen auf dem kleineren Filet von **Bild 2**) durchschlitzen, damit sie das Fleisch beim Garen nicht verformt.
- Die großen Filetstücke horizontal einschneiden und wie ein Buch aufklappen.
- Die großen und kleinen Filetstücke in Frischhaltefolie flach klopfen (**Bild 3**), das Fleisch anschließend salzen und pfeffern.
- In die Mitte der großen Filetstücke jeweils eine Hälfte der Dillbutter legen, mit einem kleinen Filetstück abdecken (**Bild 4**).
- Die Butter mit dem Fleisch so umschließen, dass diese vollkommen eingeschlossen ist (**Bild 5**), damit die „Koteletts" beim Panieren ihre Form behalten, kann man sie für 10 Minuten in das Eisfach legen.
- Die „Koteletts" zunächst in Mehl, dann in leicht verquirltem, gesalzenem Ei und anschließend in Paniermehl wenden.
- Danach nochmals mit Ei und Paniermehl panieren (das zweimalige Panieren soll verhindern, dass die Butter im Inneren der „Koteletts" während des Frittierens ausläuft).
- Die „Koteletts" in der Fritteuse oder in einer Kasserolle in heißem Pflanzenöl 3–4 Minuten frittieren, wobei das Öl die „Koteletts" vollständig bedecken muss.
- Anschließend im vorgeheizten Backofen bei 200 °C 30 Minuten fertig garen.
- Mit Bratkartoffeln und gekochten grünen Erbsen servieren.

Zutaten

200 g Butter
2 Esslöffel
frischer fein gehackter Dill
Salz
2 Hähnchenbrustfilets mit
Flügelknochen
schwarzer gemahlener Pfeffer
500 ml Pflanzenöl

Zum Panieren
Mehl
2–3 Eier
Salz
Paniermehl

Dieses Gericht entstand in St. Petersburg wohl schon im 18. Jahrhundert, wurde jedoch erst nach dem Ersten Weltkrieg in der Ukraine richtig populär, woraus sich auch der heutige Name ableitet. „Kotelett auf Kiewer Art" findet sich auf den Speisekarten vieler russischer Restaurants.

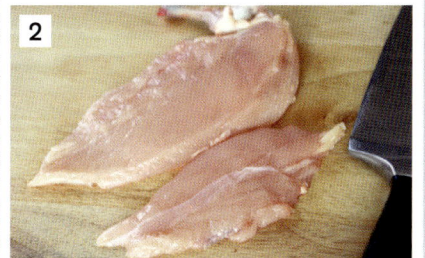

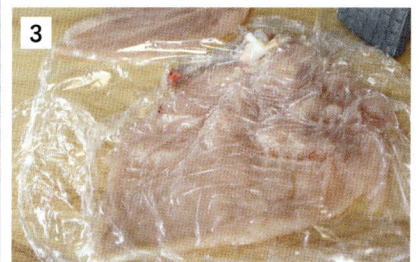

Schweinerippchen
mit Sauerkraut

4 Portionen

Свинячі реберця з капустою

Zutaten

600 g Schweinrippchen
50 g Butter
400 g Sauerkraut
150 g Zwiebeln
Salz
schwarzer gemahlener Pfeffer
500 ml Bouillon
100 g pürierte Tomaten
10 g frische Petersilie

Zubereitung

- Die Schweinerippchen in Portionsstücke schneiden und in Butter goldbraun braten, das Sauerkraut zerkleinern, das Fleisch und das Sauerkraut in einen Schmortopf geben.
- Die geschälten, in Halbringe geschnittenen Zwiebeln, Salz, Pfeffer, die Bouillon, das in Butter angeschwitzte Tomatenpüree und die Petersilie hinzugeben, den Schmortopf zudecken und alles zusammen 1 ½–2 Stunden schmoren.

TIPP: In der Ukraine ist es üblich, dieses Gericht in kleinen Tontöpfen in Portionsgröße zuzubereiten.

Schweinefilet,
mit Äpfeln und Pflaumen gebraten

Свинина запечена

Zubereitung

- Das Schweinefleisch mit Salz und Pfeffer würzen, mit einem scharfen Messer nicht zu tiefe Einschnitte in Gitterform an der Oberfläche des Fleisches vornehmen, das Fleisch mit Gewürznelken spicken (eine Gewürznelke pro Quadrat).
- Das Fleisch mit einer dünnen Schicht Puderzucker bestreuen, anschließend das Fleisch in eine mit Butter eingefettete Bratform legen und im vorgeheizten Backofen bei 230 °C 40–50 Minuten braten.
- Danach die in Scheiben geschnittenen Äpfel und die eingeweichten Dörrzwetschken zum Fleisch in die Bratform legen und alles zusammen weitere 30 Minuten garen.
- Anschließend das Fleisch zugedeckt ziehen lassen.
- Den beim Garen ausgetretenen Saft durchseihen, den Kwas und das Obers hinzugeben, aufkochen lassen und unter ständigem Umrühren (damit sich keine Klumpen bilden) die Kartoffelstärke hinzugeben.
- Diese Sauce nochmals zum Kochen bringen und mit Salz abschmecken.
- Vor dem Servieren das Fleisch mit den Gewürznelken und den Früchten in der Sauce erhitzen.

Zutaten

900 g zartes Schweinefleisch (Filetstück, Lende)
Salz
schwarzer gemahlener Pfeffer
2 Esslöffel Gewürznelken
1 Esslöffel Puderzucker
2 saure Äpfel
100 g entkernte Dörrzwetschken
100 ml Kwas (s. S. 20)
50 g Obers
2 Teelöffel Kartoffelstärke

Butter für das Backblech

Gefüllter Schweinerücken

6 Portionen

Свинина фарширована

Zutaten

1,7 kg Schweinerücken
(mit Knochen)
Salz
300 g Zwiebeln
weißer gemahlener Pfeffer
frische Kräuter zum Garnieren
Küchengarn zum Zunähen

Für die Füllung
400 g frisches Weißkraut
Salz
400 g Sauerkraut
900 g Äpfel
250 g Butter

Zubereitung

- Für die Füllung das frische Weißkraut klein schneiden, salzen und durchmischen, den dabei austretenden Saft auspressen.
- Das Sauerkraut mit siedendem Wasser überbrühen, abseihen und ebenfalls den Saft auspressen.
- Die Äpfel schälen, klein schneiden, mit dem klein geschnittenen Kraut und dem Sauerkraut vermengen und die zerlassene Butter hinzufügen.
- Das Fleisch bis zum Rückgratknochen hin von den Rippenknochen lösen und diese restlos säubern (**Bild 1**).
- In das noch am Rückgratknochen haftende Fleisch einen Einschnitt in Form einer Tasche machen und diese mit dem Kraut-Apfel-Gemisch füllen (**Bild 2**).
- Die Ränder der Fleischtasche zunähen (**Bild 3**), den gefüllten Schweinerücken salzen und mit im Mörser zerstoßenen Zwiebeln sowie mit weißem Pfeffer einreiben und zunächst bei 270 °C bis zur Bildung einer rotbraunen Kruste 25 Minuten braten, dann die Temperatur auf 170 °C reduzieren und 60 Minuten fertig garen lassen.
- Vor dem Servieren die Fäden entfernen, das gefüllte Schweinefleisch in Scheiben schneiden, mit Bratkartoffeln auf Tellern anrichten und mit frischen Kräutern garnieren.

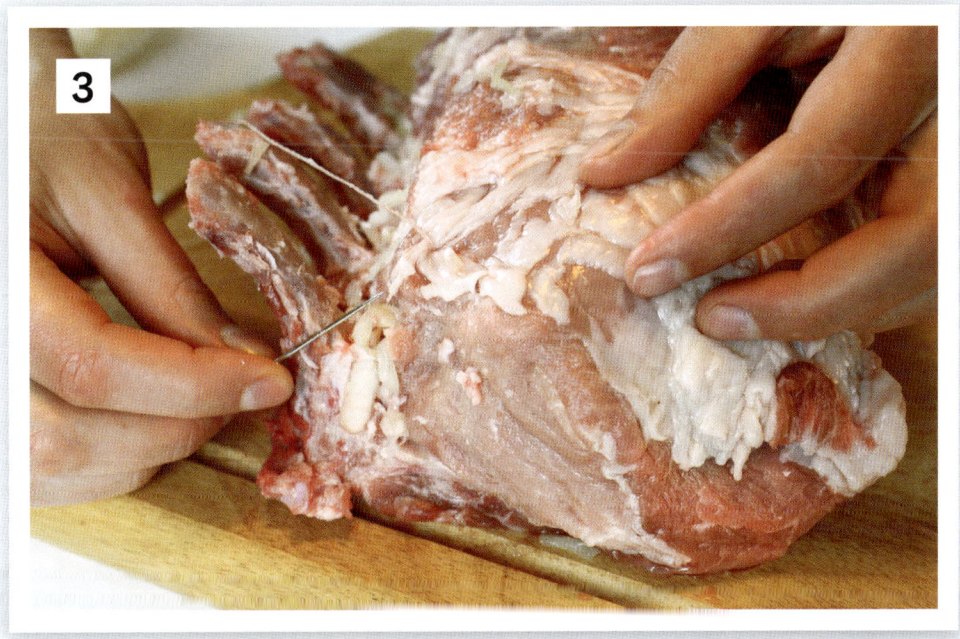

Schweinebauchroulade,
in Folie gebraten

15 Portionen

Рулет із сала, запечений у фользі

Zutaten

1 bis 1,5 kg roher
durchwachsener
Schweinebauch mit Schwarte
(nicht mehr als 4 cm dick –
je dünner, desto besser lässt er
sich zu einer Roulade einrollen)
Salz
schwarzer gemahlener Pfeffer
5 Knoblauchzehen
1 Karotte
Gewürzmischung aus
getrockneten, fein zerriebenen
Kräutern (Lorbeerblatt,
Basilikum, Dill, Petersilie)
1 Bund frische Petersilie
Küchengarn

Zubereitung

- Die Schwarte des Schweinebauchs mit dem Messer sorgfältig putzen (eventuell noch vorhandene Borsten abschaben), das Fleisch von allen Seiten mit Salz und gemahlenem Pfeffer einreiben (**Bilder 1 und 2**).
- Den Knoblauch schälen und in kleine Würfel schneiden, die Karotte schälen und in schmale Streifen schneiden.
- Ins Fleisch mit einem scharfen Messer tiefe (aber nicht durchgehende) Einschnitte vornehmen und die Knoblauchwürfel und Karottenstreifen hineinstecken (**Bild 3**). Das Fleisch mit der Gewürzmischung und mit der grob gehackten frischen Petersilie bestreuen (**Bild 4**).
- Das Fleisch zu einer straffen Roulade zusammenrollen und mit festem Küchengarn zusammenbinden (**Bild 5**), die Roulade in Alufolie einwickeln (**Bild 6**) und im auf 200 °C vorgeheizten Backofen etwa 90 Minuten garen.
- Dann die Folie von der Roulade abnehmen und die Roulade bis zur Bildung einer Kruste weiterbraten.
- Die Roulade anschließend abkühlen lassen und über Nacht in den Kühlschrank stellen, die fertige Roulade kalt und in Portionen geschnitten servieren.

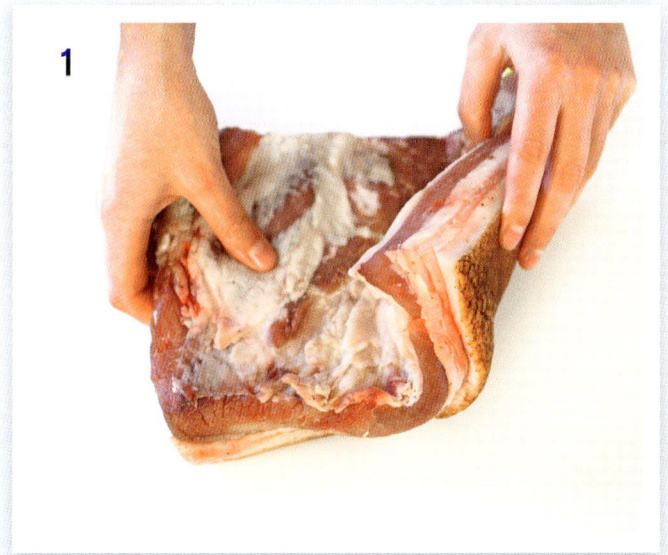

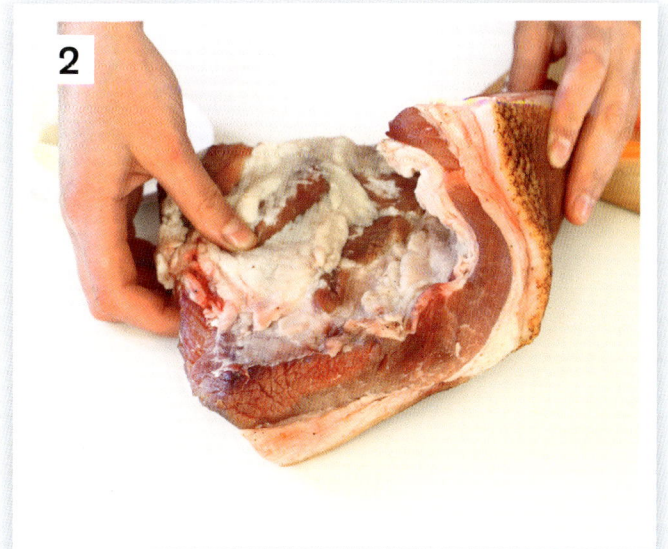

Eintopf aus dem Backofen

6 Portionen

Печеня по-домашньому

Zutaten

600 g Rindfleisch
(z. B. Hüfte, Schwanzstück)
600 g Kartoffeln
200 g Karotten
200 g Zwiebeln
Pflanzenöl
100 g Erbsen (aus der Dose
oder eingefrorene)
200 ml Fleischbouillon
30 g Tomatenmark
Salz
schwarzer gemahlener Pfeffer
getrocknete Kräuter
(Basilikum, Dill und Petersilie)

Zubereitung

- Das Fleisch gut waschen und putzen, anschließend in kleine Würfel schneiden.
- Das Gemüse schälen bzw. putzen, die Kartoffeln in Würfel, die Karotten in dünne Scheiben, die Zwiebeln in Halbringe schneiden, die vorbereiteten Zutaten in erhitztem Pflanzenöl halb gar braten.
- Das angebratene Fleisch und Gemüse sowie die grünen Erbsen in kleine Tontöpfchen oder Auflaufförmchen geben, mit Fleischbouillon auffüllen, Tomatenmark hinzugeben und mit Salz, Pfeffer sowie den getrockneten Kräutern abschmecken, die Töpfchen mit Deckeln zudecken und im auf 200 °C vorgeheizten Backofen 40 Minuten schmoren.

TIPP: Dieses Gericht kann natürlich auch in einer großen Auflaufform zubereitet und vor dem Servieren portioniert werden.

Fleisch
nach Hetmansart

М'ясо по-гетьманськи

6 Portionen

Zubereitung

- Das Fleisch in 6 Scheiben schneiden, salzen und pfeffern.
- Das Gemüse waschen und schälen, in große Stücke schneiden.
- Das Fleisch in etwas heißem Pflanzenöl scharf anbraten, bis sich eine Kruste bildet, anschließend in einen Brattopf geben und zusammen mit dem Tomatenmark 5 Minuten weitergaren.
- Mit der Bouillon (oder mit Wasser) auffüllen, sodass das Fleisch ganz bedeckt ist, bei schwacher Hitze etwa 20 Minuten fast gar schmoren.
- Das Gemüse nach Sorten getrennt im restlichen Pflanzenöl knusprig anbraten, (außer den Kartoffeln) zum Fleisch hinzugeben und 10–15 Minuten weiterschmoren lassen.
- Danach erst die Kartoffeln hinzugeben, mit Pfefferkörnern, Lorbeerblatt, getrockneter Petersilie und getrocknetem Dill würzen und alles zusammen gar dünsten.
- Das Mehl in einer trockenen Pfanne goldgelb anrösten, abkühlen lassen und mit etwas kaltem Wasser ablöschen, dabei gut mit dem Schneebesen verrühren.
- Diese Mehlschwitze anschließend zum Fleisch und zum Gemüse hinzugeben, verrühren, alles zusammen nochmals 5 Minuten köcheln lassen.
- Danach anrichten und mit Kräutern bestreut servieren.

Zutaten

1 kg zartes Rindfleisch
oder Schweinefleisch
Salz ▪ Pfeffer ▪ 600 g Kartoffeln
200 g Kürbis ▪ 200 g Karotten
3 Zwiebeln ▪ 100 ml Pflanzenöl
100 g Tomatenmark
500 ml Bouillon ▪ schwarzer
gemahlener Pfeffer und Pfefferkörner ▪ 1 Lorbeerblatt
getrocknete Petersilie
getrockneter Dill
1 Esslöffel Mehl

Hetman (altmitteldeutsch für „Hauptmann") war die Heerführerbezeichnung bei den Kosaken.

Laibchen
mit Kren-Senf-Kruste

6 Portionen

Свинячі реберця з капустою

Zutaten

900 g Rindfleisch
(z. B. Fehlrippe)
Salz
schwarzer gemahlener Pfeffer
125 ml Wasser
150 g Paniermehl
60 g Butter
75 g Krenwurzel
50 g Senf

Zubereitung

- Das Rindfleisch fein hacken, salzen und pfeffern, 125 ml Wasser hinzugießen und in einem leistungsstarken Standmixer faschieren (oder das Fleisch durch einen Fleischwolf drehen und dann mit Gewürzen und dem Wasser vermischen).
- Aus dieser Masse Laibchen formen, anschließend die Laibchen in Paniermehl wenden und in Butter beidseitig goldbraun anbraten.
- Die Krenwurzel fein reiben und mit dem Senf vermengen, die gebratenen Laibchen mit der Kren-Senf-Masse bestreichen und im Backofen bei 170 °C 20 Minuten backen.

TIPP: Zu den Laibchen gebratenes oder mariniertes Gemüse reichen.

Rinderroulade mit Pilzen

Завиванець з яловичини з грибами

Zubereitung

- Für die Füllung die Steinpilze 2 Stunden in kaltem Wasser einweichen, im selben Wasser gar kochen, anschließend durchseihen, dabei den Sud auffangen.
- Die geschälten und klein geschnittenen Zwiebeln in Butter anbraten.
- Die Steinpilze mit dem Räucherspeck durch den Fleischwolf drehen, dann mit den angebratenen Zwiebeln vermengen, das Ei, das Paniermehl und die fein gehackte Petersilie hinzugeben, salzen, pfeffern und alles gut vermischen.
- Das Fleisch längs aufschneiden, wie ein Buch auseinanderklappen und so klopfen, dass es eine rechteckige Form erhält, salzen und pfeffern und die Füllung auf dem Fleisch verteilen (**Bild 1**).
- Das Fleisch zu einer Roulade einrollen (**Bild 2**), mit Küchengarn umwickeln und in der zerlassenen Butter rundum knusprig braun braten.
- Die Selleriewurzel, die Karotte und den Lauch schälen bzw. putzen, in Stifte schneiden und in eine Bratform geben, darauf die Rinderroulade legen und diese mit Zitronensaft und mit 250 ml vom aufgefangenen Pilzsud begießen.
- Die Rinderroulade mit dem Gemüse im auf 220 °C vorgeheizten Backofen 40 Minuten schmoren.
- Von der gegarten Rinderroulade das Küchengarn entfernen und die Roulade in Portionsstücke schneiden.
- Für die Sauce das Gemüse zusammen mit dem Pilzsud durch ein Sieb passieren, Sauerrahm hinzugeben und zum Kochen bringen.
- Die Rouladenportionen mit der Gemüsesauce begießen und servieren.

6 Portionen

Zutaten

1 kg weiches Rindfleisch (Fehlrippe) ▪ Salz
schwarzer gemahlener Pfeffer
2 Esslöffel zerlassene Butter
¼ Selleriewurzel ▪ 1 Karotte
1 Stange Lauch ▪ 1 Zitrone
1 Esslöffel Sauerrahm
Für die Füllung
50 g getrocknete Steinpilze
500 ml Wasser ▪ 2 Zwiebeln
1 Esslöffel Butter ▪ 50 g Räucherspeck (Bruststück) ▪ 1 Ei
1–2 Esslöffel Paniermehl
1 Esslöffel fein gehackte frische Petersilie ▪ Salz
schwarzer gemahlener Pfeffer

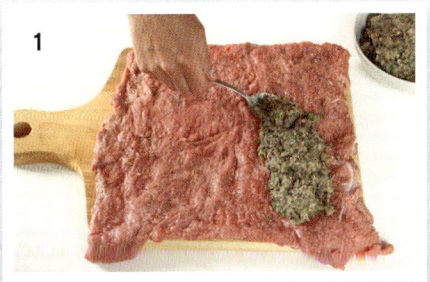

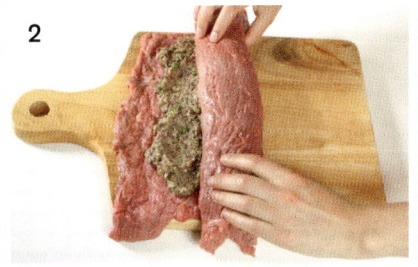

Gebratene Lammkeule
in Weinsauce

10 Portionen

Zutaten

2–2,5 kg Lammkeule
Salz
schwarzer gemahlener Pfeffer
2 Knoblauchzehen
Gewürzmischung aus fein
zerriebenen getrockneten
Kräutern (Basilikum, Dill,
Petersilie, Minze)

Für die Sauce
100 ml trockener Rotwein
1 Esslöffel Stärkemehl

Запечений баранячий окорок у винному соусі

Zubereitung

- Aus der Keule sorgfältig den Knochen herausschneiden, das Fleisch mit Salz, Pfeffer, geschältem zerdrücktem Knoblauch und der Gewürzmischung einreiben.
- Das Fleisch mit festem Küchengarn zu einer straffen Roulade zusammenbinden, die Roulade in eine Folie oder in einen Bratschlauch einwickeln und im Backofen bei 220 °C 60–90 Minuten garen (die fertig gegarte Keule muss viel Saft abgeben).
- Den Bratensaft abgießen und auffangen, das Fett abschöpfen, den Wein hinzugeben und zum Kochen bringen, das in etwas Wasser aufgelöste Stärkemehl hinzugeben und unter ständigem Rühren nochmals zum Kochen bringen.
- Vor dem Servieren das Lammfleisch in dünne Scheiben schneiden und mit der vorbereiteten Sauce übergießen, mit gedünstetem Gemüse servieren.

Kalbsrouladen
mit Pinienkernen und Pilzen

Телячі рулетики з кедровими горіхами та грибами

Zubereitung

- Das Fleisch in Portionsstücke schneiden, klopfen, salzen und pfeffern.
- Die Pilze putzen, in Scheiben schneiden und in etwas heißem Pflanzenöl anbraten, mit den fein gehackten Rosmarinnadeln und den Pinienkernen vermengen, salzen, pfeffern und umrühren.
- In die Mitte jedes Fleischstücks etwas Pilzmasse geben (**Bild 1**), das Fleisch dann zu Rouladen zusammenrollen (**Bild 2**) und mit Küchengarn zusammenbinden (**Bild 3**) oder mit Rouladenspießen zusammenheften.
- Die Rouladen mit dem restlichen Pflanzenöl rundum gut anbraten, anschließend auf ein eingefettetes Backblech legen und im vorgeheizten Backofen bei 220 °C 25 Minuten fertig garen.
- Für die Sauce den Wein, die Bouillon und den geschälten und gepressten Knoblauch gut verrühren.
- Anschließend Pflanzenöl erhitzen, Mehl einrühren, mit der Weinmischung unter ständigem Rühren ablöschen und bis zum Eindicken kochen.
- Die fertigen Kalbsrouladen mit der Weinsauce servieren.

6 Portionen

Zutaten

1 kg weiches Kalbfleisch • Salz
schwarzer gemahlener Pfeffer
200 g Pilze
2 Esslöffel Pflanzenöl
2–3 Rosmarinzweige
2–3 Esslöffel Pinienkerne

Küchengarn oder
Rouladenspieße

Für die Sauce
100 ml trockener Rotwein
200 ml Fleischbouillon
4 Knoblauchzehen
1 EL Pflanzenöl
1 Esslöffel Mehl

Überbackene Krautrouladen (Golubtsí)

Голубці, запечені у духовці

Zubereitung

- Den Krautkopf waschen und die Blätter sorgfältig auseinandernehmen, die dickeren Rippen der Krautblätter wegschneiden, in wenig kochendem Salzwasser die Blätter etwa 1–2 Minuten kochen, bis sie weich (d. h. elastisch) werden. Man kann auch den ganzen Krautkopf in siedendes Salzwasser tauchen, bis die Blätter weich werden, den Krautkopf aus dem Wasser nehmen und den Krautstrunk herausschneiden (vor oder nach dem Abkochen des Krautkopfs), die einzelnen Blätter vom Krautkopf lösen, die dickeren Rippen der Krautblätter wegschneiden.
- Für die Füllung den Reis halb gar kochen, die Zwiebel schälen und klein schneiden, die Karotte waschen, schälen und fein raspeln oder hacken, die zerkleinerte Zwiebel und die geriebene Karotte kurz in Pflanzenöl anbraten, dass sie weich werden.
- Die Petersilie waschen und fein hacken, die Tomaten waschen (falls gewünscht, die Haut entfernen) und in kleine Würfel schneiden (man kann sie auch mit einem Standmixer zu einem Brei mixen oder man verwendet einfach Tomatenmark), den Knoblauch schälen und fein hacken oder durch die Knoblauchpresse drücken.
- Anschließend das Faschierte, den Reis, die angebratene Zwiebel, den zerkleinerten Knoblauch, die zerkleinerten Tomaten oder das Tomatenmark sowie die fein gehackte Petersilie gut miteinander vermengen, salzen und pfeffern.
- Auf jedes Krautblatt etwas von der Fleischfüllung legen, die Enden der Krautblätter über der Füllung zusammenfalten und Rouladen formen, diese anschließend in heißem Pflanzenöl in einer Pfanne oder in einem tiefen Brattopf rundum anbraten.
- Für die Sauce das Tomatenmark mit dem Sauerrahm und Wasser (oder klarer Bouillon) verrühren und salzen.
- Die angebratenen Krautrouladen auf ein mit Butter eingefettetes Backblech legen, mit der Sauce begießen und mit Alufolie bedecken, die Rouladen anschließend etwa 1 Stunde im auf 190 °C vorgeheizten Ofen braten, 10 Minuten vor Garende die Folie abnehmen, die Krautrouladen mit geriebenem Käse bestreuen und so lange überbacken, bis sich eine Kruste bildet.
- Die fertigen Krautrouladen zum Schluss mit fein gehackter Petersilie bestreuen und mit der Bratensauce servieren.

> *Golubtsí* ist vom ukrainischen Wort „*gólub*" (Taube) abgeleitet. Die in Krautblätter gewickelte Fleisch-Reis-Masse erinnert in Größe und Form an gebratene Tauben. Von seiner Herkunft stammt das Gericht wohl aus der tatarischen Küche, bei der allerdings Weinblätter mit Hammelfleisch gefüllt wurden (*Dolma*). In der ukrainischen Küche ersetzte ursprünglich die Hirse den Reis.

6 Portionen

Zutaten

1 großer Weißkrautkopf
125–150 g Reis
1 Zwiebel
1 Karotte
Pflanzenöl zum Braten
1 Esslöffel frische fein gehackte Petersilie
2–3 Tomaten
(können durch 2 Esslöffel Tomatenmark ersetzt werden)
2–3 Knoblauchzehen
500 g Faschiertes
(Rinder- und Schweinehack zu gleichen Teilen)
Salz
schwarzer gemahlener Pfeffer
100 g geriebener Käse

Für die Sauce
2 Esslöffel Tomatenmark
3–4 Esslöffel Sauerrahm
400–500 ml (es kann auch mehr sein) Wasser oder klare Bouillon
Salz

Butter für das Backblech
Petersilie zum Bestreuen

Salzgurken
gefüllt mit Fleisch

4 Portionen

Фаршировані солоні огірки

Zutaten

12 Salzgurken
150 ml Fleischbouillon
1 Esslöffel fein gehackter Knoblauch
schwarzer gemahlener Pfeffer
2 Teelöffel Maisstärke
300 g Faschiertes
50 g Butter
2 Tomaten
Salz
100 g geriebener Hartkäse

Zubereitung

- Die Salzgurken der Länge nach halbieren, die Fleischbouillon mit Knoblauch und Pfeffer zum Kochen bringen, die halbierten Gurken in der heißen Bouillon weich dünsten, anschließend herausnehmen und abkühlen lassen.
- Die weichen Gurkenhälften mit einem Löffel in der Mitte aushöhlen.
- Die Bouillon wieder zum Kochen bringen, die in etwas Wasser aufgelöste Maisstärke hinzugeben, mit einem Schneebesen immer wieder gut verrühren und kochen lassen, bis die Bouillon eine dickflüssige Konsistenz aufweist.
- Das Faschierte in Butter etwa 5 Minuten unter Umrühren braten, dann die eingedickte Bouillon hinzugeben, die Tomaten in Würfel schneiden und ebenfalls zum Faschierten hinzufügen, salzen und pfeffern.
- Anschließend die ausgehöhlten Gurkenhälften mit dieser Mischung füllen und auf ein mit Butter eingefettetes Backblech legen, mit geriebenem Hartkäse bestreuen und im auf 200 °C vorgeheizten Backofen 10–15 Minuten überbacken.

Kartoffelauflauf
mit Fleisch

Картопляна запіканка з м'ясом

6 Portionen

Zubereitung

- Das Faschierte in Pflanzenöl unter ständigem Umrühren anbraten, bis es eine krümelige Konsistenz hat, anschließend salzen und pfeffern und etwa zehn Minuten schmoren lassen.
- Die gekochten Kartoffeln schälen und in Scheiben schneiden, die Tomaten in Scheiben schneiden.
- Für die Sauce in einem großen Brattopf die Butter schmelzen, das Mehl hinzugeben und unter Umrühren 2–3 Minuten anbraten, dann die Milch hinzugießen und ununterbrochen weiter umrühren, damit sich keine Klümpchen bilden, salzen.
- Die Hitze reduzieren und die Sauce 5–10 Minuten unter ständigem Rühren kochen, anschließend vom Herd nehmen, mit Salz, Pfeffer und Muskatnuss abschmecken.
- Den Boden einer mit Butter eingefetteten Auflaufform mit der Hälfte der Kartoffelscheiben belegen, darauf das Faschierte verteilen, diese Schicht mit den restlichen Kartoffelscheiben und mit den Tomatenscheiben bedecken.
- Alles mit der Sauce übergießen und den geriebenen Käse daraufstreuen.
- Im auf 200 °C vorgeheizten Backofen 20 Minuten garen, bis sich eine braune Kruste gebildet hat.

Zutaten

400 g gemischtes Faschiertes
(je zur Hälfte Schweine-
und Rindfleisch)
Pflanzenöl zum Anbraten
Salz
schwarzer gemahlener Pfeffer
700 g gekochte Kartoffeln
3 Tomaten
100 g geriebener Käse

Für die Sauce
30 g Butter
2 Esslöffel Mehl
600 ml Milch
Salz
Pfeffer
gemahlene Muskatnuss

Palatschinkenpirogge

Пиріг млинцевий

6 Portionen

Zutaten

Für die Palatschinken
3 Eier
85 ml Pflanzenöl
Salz
1 Esslöffel Zucker
750 ml Milch
500 g Weizenmehl
Pflanzenöl zum Ausbacken

Für die Füllungen
400 g zartes Schweinefleisch
oder Rindfleisch
100 g Butter
Salz
Pfeffer
100 g Reis
250 ml Milch
6 hart gekochte Eier
2 Esslöffel fein gehackte
frische Kräuter

Butter und Paniermehl
für die Form
1 Eigelb

Zubereitung

- Für die Palatschinken die Eier mit dem Pflanzenöl, Salz und Zucker verquirlen und die Hälfte der Milch beifügen, das Mehl hinzusieben, mit dem Handmixer zu einer homogenen Masse verrühren, dann den Rest der Milch untermixen.
- Aus diesem zähflüssigen Teig etwa 30 Palatschinken backen.
- Für die Füllungen das Fleisch in kleine Würfel schneiden und in einem Teil der Butter braten, salzen und pfeffern.
- Den Reis in 600 ml Salzwasser halb gar kochen, das Wasser abgießen, den Reis mit kochender Milch auffüllen und gar kochen, anschließend einen Teil der Butter hinzugeben und umrühren.
- Die gekochten Eier schälen, fein hacken, salzen, pfeffern, die Kräuter und etwas Butter hinzugeben.
- Eine mit Butter eingefettete und mit Paniermehl ausgestreute Auflaufform mit Palatschinken auslegen, sodass diese über die Ränder der Form hängen, darauf eine Schicht Reisfüllung ausbreiten (**Bild 1**).
- Die Reisschicht mit Palatschinken abdecken, darauf die Fleischfüllung verteilen (**Bild 2**).
- Das Fleisch mit Palatschinken abdecken und die Eierfüllung darauf ausbreiten.
- Die Eierfüllung ebenfalls mit Palatschinken abdecken, die überhängenden Palatschinkenränder dabei jeweils umklappen (**Bild 3**).
- Die letzte Palatschinkenschicht mit etwas Pflanzenöl beträufeln, mit Eigelb bestreichen und Paniermehl daraufstreuen.
- Die Pirogge im vorgeheizten Backofen bei 210 °C 20–25 Minuten goldbraun backen.

Näheres zu den Piroggen ist in der Einleitung auf S. 19 nachzulesen.

Kartoffelrolle

Завиванець картопляний

6 Portionen

Zutaten

Für den Teig
1 kg Kartoffeln
3 Teelöffel Kartoffelstärke
1 Ei
Salz
Pfeffer
1 Eigelb
1 Esslöffel Sauerrahm
1 Esslöffel Paniermehl

Für die Fleischfüllung
300 g zartes Schweinefleisch
oder Rindfleisch
1 Zwiebel
3 Esslöffel Pflanzenöl
Salz
schwarzer gemahlener Pfeffer

Zubereitung

- Für die Füllung das Fleisch 30 Minuten in Salzwasser kochen, die Zwiebel fein hacken und im Pflanzenöl goldgelb braten.
- Das gekochte Fleisch und die gebratene Zwiebel durch den Fleischwolf drehen, salzen, pfeffern und zwei Esslöffel von der beim Kochen des Fleisches entstandenen Fleischbouillon dazugeben, alles gut vermischen.
- Für den Teig die Kartoffeln kochen, danach abseihen, schälen und zu einer einheitlichen Masse zerstampfen, mit der Kartoffelstärke und dem Ei vermengen, salzen und pfeffern.
- Die Kartoffelmasse in einem Rechteck auf ein angefeuchtetes Geschirrtuch verteilen (**Bild 1**).
- Darauf die Fleischfüllung verteilen und dabei einen Abstand von 2 cm zu den Rändern belassen, Teig und Füllung mithilfe des feuchten Geschirrtuchs zu einer Rolle formen (**Bild 2**).
- Die Kartoffelrolle mit der Naht nach unten auf ein mit Pflanzenöl eingefettetes und mit Backpapier ausgelegtes Backblech legen.
- Auf der Oberfläche der Rolle mit einer Gabel einige Einstiche machen, den Sauerrahm mit dem Eigelb verrühren und die Kartoffelrolle damit bestreichen (**Bild 3**).
- Anschließend mit Paniermehl bestreuen im vorgeheizten Backofen bei 220 °C ca. 35 Minuten goldgelb backen.
- Vor dem Servieren in Scheiben schneiden und mit Sauerrahm servieren.

TIPP: Traditionell wird *Bógratsch* in einem großen Kessel über offenem Feuer gekocht, man kann ihn jedoch auch in einem Topf auf dem Herd zubereiten.

Das ukrainische Gulasch „*Bógratsch*" ist eindeutig von der ungarischen Küche beeinflusst. Die diesem Eintopf hinzugefügten Teigwaren *Tschipétki* entsprechen kleinen *Galuschkí* (s. Rezept S. 110), die vom vorbereiteten Nudelteig „abgezupft" werden. Und genau dies ist auch die Bedeutung des ungarischen Wortes *Csipetke*, auf das dieses Rezept zurückgeht.

6 Portionen

Zutaten

250 g Rindfleisch (z. B. Schulter) ▪ 250 g Kalbfleisch
(z. B. Schulter) ▪ 250 g Schweinefleisch (z. B. Schulter)
100 g geräucherte Schweinerippchen
50 g durchwachsener
Räucherspeck ▪ 150 g Zwiebeln
2 Esslöffel Paprikapulver
400–500 g Schweins- oder
Rinderhaxe
3,5–4 l Wasser ▪ Salz
150 g Karotten ▪ 1 Chilischote
¼ Teelöffel Kreuzkümmel
1 Knoblauchzehe
500 g Kartoffeln
100 g grüne Paprikaschoten
100 g Tomaten
100 g luftgetrocknete
Würstchen
je 1 Bund frische
Petersilie und Dill
75 ml trockener Rotwein

Für den „Rupfteig" *Csipetke*
150 g Mehl ▪ 1 Ei ▪ Salz

Bógratsch

Zubereitung

- Das Rind-, Kalb- und Schweinefleisch in ca. 4–5 cm große Würfel schneiden, die Schweinerippchen in Stücke und den Räucherspeck in kleine Würfel schneiden.
- Die Räucherspeckwürfel in einem großen tiefen Brattopf mit dickem Boden knusprig anbraten, die klein geschnittenen Zwiebeln hinzugeben und goldgelb anbraten, dann den Bratinhalt vom Herd nehmen und etwas abkühlen lassen.
- Danach das Paprikapulver hinzufügen und schnell umrühren, damit es nicht anbrennt.
- Anschließend den Brattopf wieder auf den Herd stellen, das in Würfel geschnittene Fleisch hinzugeben und alles zusammen 5 Minuten anbraten. Zu den Fleischwürfeln die Schweinerippchen und die klein geschnittene Schweins- oder Rinderhaxe hinzugeben und salzen.
- Den Brattopf mit Wasser auffüllen, sodass das Fleisch ganz bedeckt ist und bei starker Hitze zum Kochen bringen, dann die Temperatur auf ein Minimum reduzieren und das Fleisch 2–2 ½ Stunden schmoren lassen, dabei von Zeit zu

Бограч

Zeit umrühren, wenn nötig Wasser nachgießen, damit das Fleisch immer gerade mit Flüssigkeit bedeckt bleibt.

- Sobald sich das Fleisch der Schweins- oder Rinderhaxe vom Knochen zu lösen beginnt, die Haxe aus dem Brattopf nehmen und das Fleisch sorgfältig vom Knochen lösen, in kleine Stücke schneiden und wieder in den Brattopf zurückgeben.

- Dann das restliche Wasser hinzugießen, salzen und die in Würfel geschnittenen Karotten, die in Würfel geschnittene Chilischote, den zerstampften Kreuzkümmel und den geriebenen oder durch eine Presse gedrückten Knoblauch hinzugeben und alles zusammen nochmals 30 Minuten köcheln lassen.

- Unterdessen die Kartoffeln schälen und in Würfel schneiden, die Paprikaschote vom Kerngehäuse befreien und klein schneiden, die Tomaten und die luftgetrockneten Würstchen klein schneiden und alles zusammen in den Brattopf geben.

- Während das klein geschnittene Gemüse gart, die *Tschipétki* zubereiten.

- Aus dem Mehl, dem Ei und dem Salz (ohne Wasser) einen Nudelteig kneten. Dann mit bemehlten Händen davon kleine formlose Stückchen von der Größe eines Fingernagels abzupfen. Diese Nudelteignockerln auf eine mit Mehl bestaubte Oberfläche legen und etwas antrocknen lassen.

- Die angetrockneten Nudelteignockerln im kochenden Eintopf 5–7 Minuten kochen lassen (wenn sie gar sind, schwimmen sie an der Oberfläche).

- Zum Schluss die frischen Kräuter fein hacken und zum *Bógratsch* hinzufügen, den trockenen Rotwein hinzugießen und alles zusammen noch einmal 2 Minuten aufkochen lassen.

- Den heißen *Bógratsch* in tiefen Tellern oder kleinen Schüsseln servieren.

87

Hühnerpirogge
mit Reis und Pilzen

Пиріг з курки з рисом та грибами

6 Portionen

Zubereitung

- Für die Palatschinken das halbe Ei mit Zucker und Salz verquirlen, mit einem Teil der Milch verrühren und das Mehl hineinsieben, mit dem Handmixer zu einer homogenen Masse verrühren, dann den Rest der Milch untermixen.
- Aus diesem zähflüssigen Teig 4 Palatschinken backen.
- Für die Füllungen das Hühnchen kochen, die Knochen entfernen, das Fleisch in kleine Würfel schneiden, salzen, pfeffern und mit einem Drittel der Butter vermengen.
- Den Reis kochen, ein weiteres Drittel Butter untermengen, ein halbes klein gehacktes Ei, einen Teil der Petersilie, Salz und Pfeffer hinzugeben.
- Die Pilze putzen und klein schneiden, braten, salzen und pfeffern.
- Die Eierfüllung aus den restlichen gekochten Eiern, der übrigen Butter und dem Rest der Petersilie herstellen und würzen.
- Den tiefgefrorenen Blätterteig auftauen, ein Drittel des Blätterteigs 4 mm dünn ausrollen und daraus einen kleineren Kreis als Boden für die Pirogge ausschneiden.
- Die verbliebenen zwei Drittel des Teiges ebenfalls dünn ausrollen und daraus einen großen Kreis für die Oberfläche der Pirogge ausschneiden.
- Das Backblech mit Backpapier auslegen und darauf den kleineren Kreis aus Teig legen, auf diesen Teig eine Palatschinke legen, dann folgen im Wechsel mit den restlichen Palatschinken nacheinander die verschiedenen Füllungen (**Bilder 1 und 2**).
- Die Ränder des unteren Blätterteigrandes mit verquirltem Ei bestreichen, die Pirogge mit dem größeren Blätterteigkreis abdecken und die Ränder fest an den unteren Teigrand andrücken.
- In den Teig oben eine Öffnung schneiden, damit der entstehende Dampf entweichen kann, die Pirogge mit verquirltem Ei bestreichen (**Bild 3**).
- Aus den vom Ausschneiden zurückgebliebenen Teigresten kleine Muster formen und die Pirogge damit verzieren, diese ebenfalls mit Ei bestreichen.
- Anschließend die Pirogge im vorgeheizten Backofen bei 210 °C 20–25 Minuten goldbraun backen.
- Vor dem Servieren die Pirogge in Stücke teilen, dazu kann man Hühner- oder Pilzbouillon als Sauce anbieten.

Zutaten

Für die Palatschinken
½ Ei
2 g Zucker
Salz
100 ml Milch
60–70 Mehl
2 g Butter zum Ausbacken

Für die Füllungen
450 g Hühnchen mit Knochen
Salz
schwarzer gemahlener Pfeffer
50 g Butter
60 g Reis
3 hart gekochte Eier
10 g frische fein gehackte Petersilie
200 g Pilze

500 g Blätterteig
(frisch oder tiefgefroren)
1 Ei zum Bestreichen

Pikantes Hühnchen

4 Portionen

Zutaten

2,5 kg ausgenommenes, küchenfertiges Hühnchen
300 g Steinpilze
4 Esslöffel Butter
250 g Walnüsse
½ Teelöffel gemahlene Gewürznelke
Salz
schwarzer gemahlener Pfeffer
Butter für das Backblech

TIPP: Das Hühnchen kann warm oder kalt serviert werden.

Курка пікантна

Zubereitung

- Das Hühnchen innen und außen gründlich mit kaltem Wasser abspülen.
- Die Pilze putzen, in kleine Stücke schneiden und in der Butter braten, die Nüsse mit den Pilzen vermengen und durch den Fleischwolf drehen, Gewürze hinzufügen und umrühren.
- Die Haut des Hühnchens auf der Bauchseite einschneiden, anheben und die Pilzmischung behutsam einfüllen, gleichmäßig unter der Hautoberfläche verteilen.
- Das Hühnchen von außen und innen mit Salz und Pfeffer einreiben, auf ein mit Butter eingefettetes Backblech legen.
- Das Hühnchen zuerst bei 250 °C im Backofen 15 Minuten braten und später bei 170 °C etwa 40 Minuten fertig garen.
- Das gebratene Hühnchen in Portionen schneiden und mit frischem Gemüse servieren.

Wachteln in Rahmsauce
mit Käse-Grieß-Schnitten

Перепілки у сметані з сирними кнелями

10 Portionen

Zubereitung

- Die küchenfertig vorbereiteten (ausgenommenen und gerupften) Wachteln in Butter rundum knusprig anbraten, anschließend in einen großen Topf legen, mit der Hälfte der Bouillon auffüllen und ca. 40 Minuten gar schmoren.
- In die Pfanne, in der die Wachteln gebraten wurden, das Mehl streuen und gold-gelb anschwitzen, leicht abkühlen lassen, mit der restlichen Bouillon ablöschen und mit einem Schneebesen gut verrühren, dann 5–7 Minuten kochen, anschlie-ßend den Sauerrahm hinzugeben, salzen und nochmals aufkochen lassen.
- Diese Sauce zur Bouillon, in der die Wachteln schmoren, dazugeben und zum Kochen bringen.
- Für die Käse-Grieß-Schnitten die Eier trennen, Eigelb mit dem geriebenen Käse und dem Grieß verrühren, salzen und 1 Stunde stehen lassen.
- Eiweiß schaumig schlagen und mit der Käse-Grieß-Masse vermengen, die Masse auf ein mit Wasser angefeuchtetes Tuch geben (**Bild 1**), fest in das Tuch einwickeln (**Bild 2**) und die Enden verknoten, diese Rolle in kochendes Salzwasser geben und etwa 10 Minuten kochen, bis sie an die Oberfläche schwimmt.
- Die gegarte Käse-Grieß-Rolle aus dem Wasser nehmen, das Tuch entfer-nen, die Rolle in Scheiben schneiden.
- Zum Servieren je zwei Wachteln auf einen Teller legen, 3 Käse-Grieß-Schnitten dazu anrichten, alles mit der Sauce begießen, in der die Wachteln geschmort wurden.

Zutaten

20 Wachteln
200 g Butter
1 l Hühner- oder
Fleischbouillon
3 Esslöffel Mehl
500 ml Sauerrahm
Salz

Für die Käse-Grieß-Schnitten
4 Eier
250 g geriebener Käse
100 g Grieß
Salz

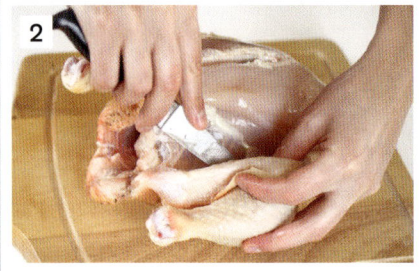

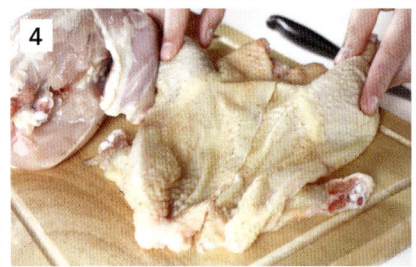

6 Portionen

Zutaten

1 Masthuhn • (Poularde, etwa 1,5 kg) • Salz • frisch gemahlener schwarzer Pfeffer Pflanzenöl

Für die Füllung

250 g Reis • 500 ml kaltes Wasser • Salz • 1 Zwiebel Pflanzenöl zum Anbraten und Befetten • frisch gemahlener schwarzer Pfeffer • 6 Wachteleier • 200 bis 250 g Tiefkühlgemüse • 50 g Butter 50 g fein geriebener Käse

Gefülltes Huhn

Zubereitung

- Das Masthuhn waschen und abtrocknen, entlang der Brust auseinanderschneiden (**Bild 1**), die Haut lösen und die Flügel und Schenkel vom Tierkörper abtrennen, die Haut (mit den Flügeln und Schenkeln) sorgfältig abziehen und beiseitelegen (**Bilder 2, 3 und 4**).
- Für die Füllung das Hühnerfleisch von den Knochen lösen und durch den Fleischwolf drehen oder mit einem Standmixer zerkleinern.
- Den Reis waschen, in einen Topf geben, mit 500 ml kaltem Wasser auffüllen und zum Kochen bringen, anschließend die Hitze reduzieren, salzen und den Reis bei geringer Hitze 10–15 Minuten halb gar kochen.
- Die Zwiebel klein schneiden und in heißem Pflanzenöl 2–3 Minuten anbraten, zu den angebratenen Zwiebeln das zerkleinerte Hühnerfleisch hinzugeben und weitere 10 Minuten anbraten, anschließend salzen und pfeffern, das angebratene Fleisch mit dem Standmixer nochmals zerkleinern.
- Die Wachteleier 10 Minuten kochen, dann schälen. In einer Pfanne 1–2 Esslöffel

Фарширована курка

Pflanzenöl erhitzen und das Tiefkühlgemüse unter Umrühren 5–7 Minuten anbraten, dann die Butter hinzugeben und den Reis untermengen.

- Die Gemüse-Reis-Mischung mit dem zerkleinerten Hühnerfleisch und dem geriebenen Käse vermengen, noch einmal sorgfältig umrühren und mit Salz und Pfeffer abschmecken.

- Die Hühnerhaut von innen mit Salz und Pfeffer einreiben und mit der vorbereiteten Füllung sowie den Wachteleiern füllen (man darf die Hauthülle nicht zu dicht befüllen, sonst könnte sie beim Braten reißen).

- Nach der Befüllung die Haut wieder zunähen (**Bild 5**), anschließend das gefüllte Huhn auch von außen (die Flügel und Schenkel nicht vergessen) mit Salz und Pfeffer einreiben, mit Pflanzenöl bestreichen und die Schenkel und Flügel mit einem Bindfaden zusammenbinden (**Bild 6**,

damit das Huhn seine natürliche Form zurückerhält).

- Ein Backblech mit Backpapier auslegen und diese mit Pflanzenöl einfetten, darauf das gefüllte Huhn legen.

- Das gefüllte Huhn im auf 180–190 °C vorgeheizten Ofen etwa 40 Minuten braten und von Zeit zu Zeit mit dem austretenden Saft begießen (5 Minuten vor Garende kann man die Temperatur nochmals etwas erhöhen, damit es knusprig braun wird, allerdings nicht zu stark erhöhen, damit die Haut nicht platzt).

- Das fertige Huhn aus dem Ofen nehmen, die Fäden entfernen und 20 Minuten abkühlen lassen.

TIPP: Das gefüllte Huhn kann man sowohl heiß als auch kalt servieren.

Nudel-Fleisch-Auflauf

4 Portionen

Бабка з макарон та м'яса

Zutaten

250 g beliebige Nudeln
1 Zwiebel
4 Esslöffel Pflanzenöl
200 g gekochtes
Schweine-, Hühner-
oder Rindfleisch
Salz
schwarzer gemahlener Pfeffer
1 Ei

Zubereitung

- Die Nudeln in Salzwasser bissfest kochen, anschließend abseihen und mit kaltem Wasser abschrecken.
- Die Zwiebel schälen, fein hacken und in der Hälfte des Pflanzenöls goldgelb braten.
- Das Fleisch zusammen mit der gebratenen Zwiebel durch den Fleischwolf drehen, salzen, pfeffern und alles gut vermischen.
- Die Nudeln mit dem leicht verquirlten Ei vermengen, die Hälfte der Nudeln in eine mit Butter eingefettete Auflaufform geben, darauf die Fleischmischung verteilen und mit den restlichen Nudeln bedecken.
- Die Nudeln mit dem restlichen Pflanzenöl beträufeln und den Auflauf im vorgeheizten Backofen bei 200 °C etwa 20 Minuten backen.

Ente mit Äpfeln
und Trockenobst

Качка з яблуками та сухофруктами

12 Portionen

Zubereitung

- Die küchenfertig ausgenommene Ente gut waschen, besonders innen, und mit Papiertüchern abtupfen, mit je einer Prise Salz innen und außen würzen und mit zerlassenem Honig bestreichen.
- Die Ente in einen Bräter auf das eigene Fett legen, welches vorher aus der Innenseite der Schwanzregion herausgeschnitten wurde, und 1 Stunde lang stehen lassen.
- Die Dörrzwetschken und getrockneten Marillen waschen und zum Aufquellen in heißem Wasser einweichen.
- Die Äpfel, schälen, vom Kerngehäuse befreien und in Scheiben schneiden.
- Die Apfelscheiben mit den aufgequollenen Trockenfrüchten vermischen und mit ihnen die Ente füllen, die Öffnung zunähen oder mit Holzspießen zusammenheften.
- Die Ente im auf 200 °C vorgeheizten Backofen 2,5–3 Stunden braten (zur Kontrolle die Entenbrust mit einem Messer anstechen – wenn durchsichtiger Saft herausläuft, ist die Ente gar).
- Vor dem Servieren die Ente in Portionsstücke schneiden und mit den Apfelscheiben und Trockenfrüchten anrichten.

Zutaten

3,5–4 kg Bauern- oder Zuchtente
Salz
1 Esslöffel Honig
150 g Dörrzwetschken
150 g getrocknete Marillen
2 saure Äpfel

95

Innereienpirogge
Пиріг з лівером

Zubereitung

- Für den Hefeteig die Hefe in der lauwarmen Milch (35–37 °C) auflösen, 1 Esslöffel Zucker hinzugeben und 250 g Mehl, sodass ein weicher Teig entsteht.
- Den Hefeteig leicht mit Mehl bestäuben, mit einem Geschirrtuch abdecken und für 1–1 ½ Stunden an einen warmen Ort stellen (ein Hefeteig gilt als fertig, wenn er maximal aufgegangen ist, wieder einzufallen beginnt und sich an der Oberfläche Falten bilden).
- In einem eigenen Gefäß die rohen Eier mit 1 Esslöffel Zucker und dem Salz vermengen und sorgfältig umrühren, die Butter auf Zimmertemperatur erwärmen.
- Zum fertigen Hefeteig nun nach und nach die Ei-Mischung, das restliche Mehl und ganz zum Schluss die weiche Butter hinzufügen und alles sorgfältig vermengen, den Teig auf dem Tisch kneten und während des Knetens so lange mit etwas Mehl bestauben, bis er aufhört, an den Händen zu kleben.
- Den Teig anschließend wieder in die Schüssel legen, mit einem Geschirrtuch zudecken und wiederum zum Aufgehen für 1 ½–2 Stunden an einen warmen Ort stellen (der fertige Teig muss geschmeidig und elastisch sein, darf nicht mehr an den Händen kleben und an den Gefäßwänden haften bleiben).
- Für die Füllung die Innereien in Salzwasser etwa 1 ½ Stunden weich kochen und anschließend durch den Fleischwolf drehen.
- Die Zwiebeln schälen und fein hacken, in einem Teil des Pflanzenöls glasig dünsten, dann das klein geschnittene Jungzwiebelgrün hinzugeben und alles zusammen leicht anbraten.
- Die zerkleinerten Innereien in Pflanzenöl anbraten und mit Salz und Pfeffer abschmecken, die gekochten Eier schälen und in Scheiben schneiden.
- Zwei Drittel des Teiges auf eine Fläche von der Größe eines Backblechs ausrollen und auf ein mit Pflanzenöl eingefettetes Backblech legen.
- Auf dem ausgerollten Teig nun das Zwiebel-Jungzwiebelgrüngemisch, darauf in einer weiteren Schicht die zerkleinerten und angebratenen Innereien (**Bild 1**) und anschließend die Ei-Scheiben verteilen (**Bild 2**).
- Die Füllung nun mit dem ebenfalls gleich groß ausgerollten verbliebenen Teig bedecken und die Teigränder gut zusammendrücken (**Bild 3**).
- Die Pastete 30 Minuten ruhen lassen, mit verquirltem Ei bestreichen und im vorgeheizten Backofen bei 200 °C 1 Stunde backen.

Zutaten

Für den Teig
50 g Hefe
400 ml Milch
1–2 Esslöffel Zucker
500–600 g Mehl
4–6 Eier
½ Teelöffel Salz
100 g Butter
50 ml Pflanzenöl

Für die Füllung
1 kg Innereien (Herz, Lunge)
150 g Zwiebeln
150 ml Pflanzenöl
700 g Jungzwiebelgrün
mit Knollen (oder
450 g ohne Knollen)
Salz
schwarzer gemahlener Pfeffer
3 hart gekochte Eier
1 Ei zum Bestreichen

Zunge
in Pilzsauce

4 Portionen

Язик під гибним соусом

Zutaten

800 g Rinderzunge
Salz
150 g Zwiebeln
200 g Karotten
100 g Petersilienwurzel
150 g Selleriewurzel
frische Kräuter zum Garnieren

Für die Sauce
2 Esslöffel Weizenmehl
75 g Butter
400 ml Pilzbouillon
100 g Steinpilze
Pflanzenöl zum Anbraten

Zubereitung

- Die Zunge in einen Topf geben, mit Salzwasser auffüllen und rund 2 Stunden kochen.
- Die geschälten Zwiebeln und Karotten in Scheiben schneiden und in einer Pfanne ohne Fett anbraten.
- Das Wurzelgemüse schälen und in grobe Stücke schneiden, 20 Minuten vor dem Garende das Wurzelgemüse sowie die angebratenen Zwiebeln und Karotten zur Zunge dazugeben.
- Für die Sauce das Mehl in Butter anschwitzen, mit der Pilzbouillon ablöschen und mit einem Schneebesen gut verrühren, anschließend die geputzten, in Scheiben geschnittenen und in wenig Pflanzenöl gebratenen Pilze hinzugeben und alles 15 Minuten kochen.
- Die gekochte Zunge in kaltes Wasser eintauchen, ohne sie ganz abkühlen zu lassen, die Haut abziehen, dann die Zunge in Scheiben schneiden und in der Bouillon wieder erhitzen.
- Vor dem Servieren die Zungenscheiben aus der Bouillon nehmen, auf Tellern anrichten, mit Pilzsauce begießen und mit frischen Kräutern garnieren.

Leberrolle

Завиванець з печінкою

12 Portionen

Zubereitung

- Die Rinderleber in Stücke schneiden und in Pflanzenöl rundum anbraten, die Pimentkörner und die Lorbeerblätter hinzugeben, mit einem Deckel zudecken und gar schmoren, anschließend abkühlen lassen.
- 200 g Butter schaumig schlagen, den Senf und die fein gehackte Petersilie dazugeben und umrühren.
- Die abgekühlte Leber und die geschälten Eier einmal durch den Fleischwolf drehen, dann mixen, dabei allmählich restliche Butter, Salz und Weinbrand unterrühren.
- Die Lebermasse auf Backpapier verteilen und darauf gleichmäßig die mit Senf und Petersilie schaumig geschlagene Butter aufstreichen (**Bild 1**), mithilfe des Backpapiers zu einer Rolle zusammenrollen (**Bild 2**) und 1 Stunde kühl stellen.
- Zum Servieren die Rolle in Portionen schneiden.

Zutaten

1 kg Rinderleber ▪ 3 Esslöffel Pflanzenöl ▪ 4 Pimentkörner
2 Lorbeerblätter ▪ 300 g Butter
2 Teelöffel Senf
1 Bund fein gehackte frische Petersilie ▪ 3 hart gekochte Eier
Salz ▪ 2 Esslöffel Weinbrand

TIPP: Statt frischer Petersilie kann man ohne Geschmacksverlust auch eingefrorene verwenden. Hierzu kann man im Sommer oder Herbst Bündel von frischer Petersilie in Alufolie eingewickelt einfrieren, das Bündel im gefrorenen Zustand mit der Schere klein schneiden und dem Gericht beifügen.

Kapitel 5

Hauptgerichte
Fisch

Gebratener
gefüllter Hecht

Фарширована щука, запечена у духовці

8–10 Portionen

Zubereitung

- Den Hecht außen und innen waschen und den Kopf abschneiden, vorsichtig mit dem Messer die Haut vom Fischfleisch lösen (**Bild 1**) und wie einen Strumpf vom Fisch abziehen (**Bild 2**, den Schwanz und die Flossen besser belassen, damit die abgezogene Haut möglichst wenig Öffnungen aufweist. Es ist nicht weiter schlimm, wenn auf der Haut etwas Fleisch anhaften bleibt, allerdings müssen alle Gräten entfernt sein).
- Die Hechtfilets auslösen, entgräten und durch den Fleischwolf drehen, die geputzten und in Scheiben geschnittenen Champignons und den gewaschenen, geschälten, in Ringe geschnittenen Lauch in der erhitzten Butter anbraten.
- Das Weißbrot in Wasser einweichen, das zerkleinerte Fischfleisch nochmals zusammen mit der Zwiebel, den angebratenen Champignons, dem Lauch, der Butter und dem ausgepressten Weißbrot durch den Fleischwolf drehen.
- Zum Hechtfiletgemisch das Ei hinzufügen, nicht zu stark salzen und pfeffern (denn die ebenso zur Füllung verwendeten Oliven und der Salzlakenkäse sind für sich genommen schon ziemlich salzig), alles zusammen sorgfältig umrühren.
- Die Hechthaut abwechselnd mit dieser Mischung, mit in Würfel geschnittenem Salzlakenkäse und Oliven befüllen (**Bild 3**, die Hechthaut nicht zu dicht befüllen, damit die Haut während des Garens nicht reißt).
- Den Fischkopf an den Körper legen oder wieder annähen, eine Bratform (oder ein Backblech) mit Butter einfetten, den gefüllten Hecht hineinlegen und mit Pflanzenöl bestreichen (**Bild 4**).
- Im auf 200 °C vorgeheizten Ofen etwa 40 Minuten braten (die Garzeit hängt von der Größe des Fisches ab).
- Den fertigen Hecht abkühlen lassen, in Portionsstücke schneiden und kalt servieren.

Zutaten

1 Hecht (1–1 ½ kg,
bereits entschuppt)
150 g Champignons
50 g Lauch
30 g Butter
1 Scheibe Weißbrot
oder Baguette
1 Zwiebel
1 Ei
Salz
schwarzer gemahlener Pfeffer
50 g Salzlakenkäse (z. B. Feta)
8–10 entkernte Oliven

Butter für die Form

Klassischerweise wird das Gericht mit dem in der Ukraine erhältlichen Salzlakenkäse *Brýndsja* hergestellt. Da es diesen bei uns nicht zu kaufen gibt, kann man ersatzweise milden griechischen Feta oder einen anderen Salzlakenkäse verwenden.

Fischpirogge

Пиріг рибний

6 Portionen

Zutaten

500 g Blätterteig
500 g Buckellachsfilet
350 g Zwiebeln
3 Esslöffel Pflanzenöl
2 Esslöffel frische
fein gehackte Petersilie
500 g Zanderfilet
Salz
weißer gemahlener Pfeffer
1 Ei

Zubereitung

- Den Teig in zwei Teile schneiden und beide dünn ausrollen, eine Teigschicht auf ein mit Pflanzenöl eingefettetes und mit Backpapier ausgekleidetes Backblech legen, darauf das Buckellachsfilet in Form eines Fisches legen (hierzu Teile des Filets zurechtschneiden, um aus ihnen den Fischkopf und die Flossen zu formen).
- Die Zwiebel klein schneiden, in etwas heißem Pflanzenöl goldgelb anbraten und anschließend mit der fein gehackten frischen Petersilie vermengen.
- Diese Zwiebel-Petersilie-Mischung in einer gleichmäßigen Schicht auf dem Lachs verteilen, darauf das Zanderfilet auslegen (**Bild 1**), salzen und pfeffern.
- Alles zusammen mit der zweiten Teigschicht bedecken und mit 1 cm Rand nach den Konturen der Fischform ausschneiden, überflüssige Teigreste abschneiden, die Teigränder gut zusammendrücken.
- Aus den Teigresten die Augen und Kiemen formen, die Fischpirogge mit verquirltem Ei bestreichen und im vorgeheizten Backofen bei einer Temperatur von 180 °C 30 Minuten backen.
- Zum Servieren die Pirogge in Portionen schneiden.

Gefüllte Fischlaibchen

Січеники рибні

12 Portionen

Zubereitung

- Das Brot in Milch oder Wasser einweichen, wenn es aufgequollen ist, die überschüssige Flüssigkeit auspressen.
- Das Fischfilet zusammen mit dem eingeweichten Brot durch den Fleischwolf drehen, diese Masse mit der ausgepressten Einweich-Flüssigkeit verrühren, salzen, pfeffern und mit dem Pürierstab zu einem einheitlichen Brei mixen.
- Für die Füllung die Pilze 10 Minuten in Salzwasser kochen und in Scheiben schneiden, die Zwiebeln fein hacken und in Butter glasig braten.
- Das hart gekochte Ei schälen und fein hacken, mit den in Scheiben geschnittenen Pilzen und 1 Esslöffel Paniermehl zu den Zwiebeln hinzufügen und umrühren. Die Fischmasse zu 1 cm dicken Plätzchen formen und auf ein mit Wasser angefeuchtetes Geschirrtuch legen, in die Mitte dieser Fischplätzchen jeweils etwas von der Füllung geben, die Fischplätzchen dann halbmondförmig zusammenklappen und die Ränder zusammendrücken.
- Die Fischlaibchen nun im verquirlten Ei und im Paniermehl wenden und in reichlich Pflanzenöl beidseitig knusprig braun braten, anschließend im vorgeheizten Backofen bei 170 °C noch 5–7 Minuten fertig garen.

> **TIPP:** Die fertigen Fischlaibchen mit Buchweizengrütze oder Kartoffelpüree als Beilage servieren, getrennt dazu kann man Tomatensauce reichen.

Zutaten

100 g trockenes Weizenbrot
100 ml Milch oder Wasser
400 g Fischfilet (z. B. Seehecht oder Alaska-Seelachs)
Salz
schwarzer gemahlener Pfeffer
1 Ei
100 g Paniermehl
Pflanzenöl

Für die Füllung
120 g Pilze (z. B. Champignons)
150 g Zwiebeln
20 g Butter
1 hart gekochtes Ei

Mit Gemüse
gedünsteter Fisch

6 Portionen

Риба, тушкована з овочами

Zutaten

1 kg Karpfen im Ganzen (man
kann auch andere Fischarten
mit weißem Fleisch verwenden)
300 g Karotten
1 Petersilienwurzel
¼ Selleriewurzel
2 Zwiebeln
300 ml Fischbouillon
100 g Tomatenmark
4 Esslöffel Pflanzenöl
1 Teelöffel Essig
Salz
1 Esslöffel Zucker
1–2 Lorbeerblätter
1–2 Gewürznelken
½ Teelöffel Zimtpulver
schwarzer gemahlener Pfeffer

Zubereitung

- Den ganzen Fisch in Portionsstücke schneiden (nicht filetieren).
- Das Gemüse waschen, schälen und in Streifen schneiden, die Hälfte des Gemüses in einen Brattopf geben, darauf die Fischstücke legen und diese mit dem Rest des Gemüses bedecken.
- Alles mit der Bouillon übergießen und zum Kochen bringen, dann das Tomatenmark, das Pflanzenöl, Essig, Salz und den Zucker hinzufügen.
- Den Brattopf zudecken, Gemüse und Fisch bei schwacher Hitze etwa eine Stunde dünsten.
- Ungefähr 10 Minuten vor Garende die übrigen Gewürze hinzugeben.
- Den Fisch mit dem gedünsteten Gemüse samt dem Sud anrichten und mit Salz- oder Petersilienkartoffeln servieren.

Heringsfilet,
mit Senfsauce überbacken

Філе оселедця, запечене у гірчичному соусі

Zubereitung

- Die Heringe in Filetstücke zerlegen, die Zwiebeln schälen und in Ringe schneiden.
- In einer Pfanne Pflanzenöl erhitzen und die Zwiebeln darin goldgelb anbraten.
- Eine Backform mit Butter einfetten, die angebratenen Zwiebeln darin verteilen, die Heringsfilets auf der Innenseite mit Salz und Pfeffer würzen und mit Dill bestreuen, anschließend die Heringsfiletstücke mit der Haut nach außen einrollen und auf die Zwiebeln in die Backform legen.
- Für die Sauce das Pflanzenöl mit dem Senf, Salz, Zucker und dem Essig zu einer einheitlichen Konsistenz mixen, die Filetstücke mit dieser Sauce begießen und dann mit Paniermehl bestreuen.
- Anschließend im vorgeheizten Backofen bei 200 °C etwa 25 Minuten garen, bis sich die Fischhaut zu bräunen beginnt.

> TIPP: Dazu passen Salzkartoffeln gut.

4 Portionen

Zutaten

2 Heringe à 500 g
2 Zwiebeln
2 Esslöffel Pflanzenöl
Butter zum Einfetten der Form
Salz
schwarzer gemahlener Pfeffer
4 Esslöffel frischer fein gehackter Dill
2 Esslöffel Paniermehl

Für die Sauce
50 ml Pflanzenöl
2 Esslöffel Senf
Salz
30 g Zucker
2 Esslöffel Essig

Fisch in saurer Sauce

4 Portionen

Рыба у розсольному соусі

Zutaten

Zubereitung

700 g Kabeljau/Dorsch
1 kleine Zwiebel
30 g Petersilienwurzel
200 g Salzgurken
200 ml Salzgurkenlake
Salz
schwarzer gemahlener Pfeffer
200 g Champignons
etwas Pflanzenöl zum Anbraten
20 g Weizenmehl
1–2 Teelöffel Zitronensaft

- Den Fisch in Filets mit Haut, aber ohne Gräten zerteilen und in Portionsstücke schneiden.
- Von den Gräten in 400 ml Salzwasser 15 Minuten eine Bouillon kochen und anschließend durchseihen, die Bouillon auffangen.
- Die Fischstücke in einen Brattopf legen, mit 100 ml heißer Bouillon auffüllen und zum Kochen bringen, anschließend zum Fisch die geschälte, grob geschnittene Zwiebel sowie Petersilienwurzel hinzufügen.
- Die Salzgurken schälen und die Salzgurkenhaut ebenfalls dazugeben, die durchgeseihte Salzgurkenlake hinzugießen, mit Salz und Pfeffer würzen und mit einem Deckel zugedeckt etwa 15 Minuten bei schwacher Hitze dünsten.
- Die geschälten Salzgurken halbieren und von den Samen befreien, in der restlichen Grätenbouillon 5–7 Minuten dünsten.
- Die Champignons in Scheiben schneiden und in Pflanzenöl leicht anbraten.
- Für die Sauce das Mehl in der trockenen Pfanne rösten, abkühlen lassen, mit der abgekühlten Grätenbouillon ablöschen und die Sauce bis zum Dickwerden kochen, zur Sauce die gedünsteten Gurken und die angebratenen Champignonscheiben hinzugeben, salzen, den Zitronensaft hinzugießen und fünf Minuten kochen lassen.
- Die Fischstücke anrichten und mit der Sauce begießen.

TIPP: Zusammen mit heißen Kartoffeln servieren und mit frischen Kräutern garnieren.

Fisch nach Bauernart

Риба по-селянськи

4 Portionen

Zubereitung

- Das Fischfilet in Streifen schneiden, die Zwiebeln halbieren, dann in Halbringe schneiden und in Pflanzenöl leicht anbraten.
- Die geschälten Kartoffeln und die Tomaten in Viertel oder Achtel schneiden, in 4 hitzebeständigen Portionsförmchen die angebratenen Zwiebeln, die Kartoffel- und Tomatenstücke verteilen.
- Auf dem Gemüse die Fischfiletstreifen verteilen, alles zusammen mit Fischbouillon begießen, salzen und die Pfefferkörner hinzufügen.
- Im vorgeheizten Backofen bei 200 °C 30–40 Minuten garen.
- 5 Minuten vor dem Garende den klein geschnittenen Knoblauch hinzufügen.
- Zum Servieren mit dem fein gehackten Dill (oder der Petersilie) bestreuen.

Zutaten

700 g Fischfilet (z. B. Seehecht)
100 g Zwiebeln
2 Esslöffel Pflanzenöl
250 g Kartoffeln
200 g Tomaten
200 ml Fischbouillon
Salz
4 schwarze Pfefferkörner
2 Knoblauchzehen
frischer Dill
(oder frische Petersilie)

Kapitel 6
Fleischlose
Hauptgerichte

Gefüllter Krautkopf
Качан фарширований

Zubereitung

- Den Strunk keilförmig aus dem Krautkopf herausschneiden, den Krautkopf in Salzwasser ca. 15 Minuten halb gar kochen.
- Für die Füllung das Gemüse waschen und putzen, die Karotten, die Zwiebeln und die Tomaten klein schneiden, die Eier schälen und fein hacken.
- Die Melanzani und die Paprika im Backofen rösten, anschließend die Haut entfernen* und das Fruchtfleisch klein schneiden.
- Die klein geschnittenen Zwiebeln und Karotten in Pflanzenöl anbraten, das übrige klein geschnittene Gemüse hinzugeben, alles salzen und pfeffern.
- Diese Gemüsemischung einige Minuten schmoren und anschließend abkühlen lassen, den Reis und die fein gehackten Eier untermengen.
- Vom gekochten, ausgekühlten Krautkopf die äußeren Blätter ablösen und die Blattstiele abschneiden.
- Auf einem mit Wasser angefeuchteten Geschirrtuch die größten Krautblätter in einem Kreis auslegen und darauf jeweils einen Teil der Füllung verteilen (jeweils 2–3 cm Rand freilassen).
- Darauf jeweils kleinere Krautblätter mit Füllung legen usw., in die Mitte das nicht auseinandergenommene Herzstück des Krautkopfs legen (**Bild 1**).
- Anschließend die Ränder des Geschirrtuchs hochheben und oben zusammenbinden, sodass der Krautkopf seine ursprüngliche Form wiedererhält, für 20 Minuten in den Kühlschrank stellen.
- Für die Sauce das Mehl in einer Pfanne rösten, leicht abkühlen lassen, die Bouillon hinzufügen (unter ständigem Rühren mit einem Schneebesen) und zum Kochen bringen.
- Den Sauerrahm und das Tomatenmark hinzugeben, nochmals aufkochen lassen, anschließend salzen und pfeffern.
- Den Krautkopf vorsichtig aus dem Geschirrtuch nehmen, in eine eingefettete Pfanne legen (**Bild 2**) und im auf 180 °C vorgeheizten Backofen 50 Minuten garen.
- Anschließend den Krautkopf mit der Sauce begießen und nochmals für 10–15 Minuten in den Backofen geben, bis sich eine Kruste bildet.
- Vor dem Servieren den Krautkopf in Stücke schneiden und mit jeweils einem Zweig Petersilie garnieren.

Zutaten

1 Weißkrautkopf

Für die Füllung
600 g Karotten
300 g Zwiebeln
300 g Tomaten
5 hart gekochte Eier
200 g Melanzani
150 g Paprika
100 ml Pflanzenöl
100 g gekochter Reis

Für die Sauce
50 g Mehl
500 ml Fleischbouillon
500 ml Sauerrahm
100 g Tomatenmark
Salz
schwarzer gemahlener Pfeffer

*PAPRIKA UND MELANZANI HÄUTEN
Wenn man Melanzani und Paprika im Backofen vor dem Häuten röstet, bekommt das Gemüse ein herrliches Röstaroma. Dazu Paprika vierteln, vom Kerngehäuse befreien, Melanzani halbieren, beide Gemüsesorten auf ein Backblech legen und mit Pflanzenöl bepinseln. Bei Grillfunktion auf höchster Stufe rösten, bis die Haut dunkel wird. Unter einem feuchten Tuch abkühlen lassen, dann das Gemüse häuten. Natürlich kann man das Gemüse aber auch in heißem Wasser kurz blanchieren, es dann in Eiswasser abschrecken und anschließend häuten.

Galuschkí
(Nudelteignockerln)

4 Portionen

Галушки здобні

Zutaten

450 g Weizenmehl
75 ml Wasser
100 g Sauerrahm
40 g Butter oder Schmalz
1 Teelöffel Salz
2 Eier

Zubereitung

- Das Mehl zu einem Haufen sieben und eine Mulde machen, das Wasser hineingießen, den Sauerrahm, 20 g weiche Butterflocken oder Schmalz sowie die mit Salz verquirlten Eier hinzugeben und daraus einen festen Teig kneten, den Teig mit einem Geschirrtuch abdecken und bei Zimmertemperatur 15–20 Minuten ruhen lassen.
- Den Teig anschließend in vier Teile zerteilen, daraus flache Rollen formen, davon wiederum Scheiben abschneiden und diese *Galuschkí* in Salzwasser 10 Minuten kochen.
- Anschließend die *Galuschkí* in einer Pfanne mit dem Rest der erhitzten Butter leicht anbraten und noch heiß servieren.

TIPP: Man kann die *Galuschkí* mit knusprig gebratenen kleinen Speckwürfeln und gedünsteten Zwiebeln anrichten und Sauerrahm getrennt dazu reichen.

Die aus dem Poltawa-Gebiet stammenden *Galuschkí* sind ein sehr typisches Gericht der ukrainischen Küche.

Pilzbällchen
mit Sauerrahm

Січеники грибні зі сметанним соусом

8 Portionen

Zubereitung

- Die Pilze durch den Fleischwolf drehen, die Zwiebeln klein hacken und in wenig heißem Pflanzenöl anbraten.
- Das Brot in der Milch einweichen, die Pilze, die Zwiebeln, das eingeweichte Brot, die Eier, die Petersilie, Salz und Pfeffer in einer Schüssel gut verrühren.
- Aus dieser Masse Bällchen formen, die Bällchen im Paniermehl wälzen und im heißen Pflanzenöl braten.
- Für die Sauce Butter zerlassen, Mehl darin goldgelb anbraten, dann unter ständigem Rühren mit dem Schneebesen mit der Fleischbouillon ablöschen.
- Diese Mehlschwitze abkühlen lassen und unter ununterbrochenem Rühren den Sauerrahm hinzufügen und 10 Minuten kochen, anschließend salzen und pfeffern.
- Vor dem Servieren die Pilzbällchen auf Teller legen, mit etwas Sauce begießen und mit frischen Kräutern garnieren, die verbleibende Sauce extra dazureichen.

Zutaten

1 kg gekochte Steinpilze
2 Zwiebeln
200 ml Pflanzenöl
200 g trockenes Weizenbrot
250 ml Milch
2 Eier
1 Esslöffel frische fein gehackte Petersilie
Salz
schwarzer gemahlener Pfeffer
125 g Paniermehl

Für die Sauce
1 Esslöffel Butter
1 Esslöffel Weizenmehl
125 ml Fleischbouillon
250 ml Sauerrahm ▪ Salz
schwarzer gemahlener Pfeffer
frische Kräuter zum Garnieren

Gefüllte Rote Rübe

Буряк фарширований

4 Portionen

Zutaten

4 gekochte Rote-Rübe-Knollen
100 g geriebener Käse
50 g Butter
frische Krauspetersilie
zum Garnieren

Für die Füllung

150 g Karotten
100 g Petersilienwurzel
100 g Speiserübe
100 g Zwiebeln
50 g Butter
2 hart gekochte Eier
50 ml Sauerrahm
Salz

Zubereitung

- Die Rote-Rübe-Knollen schälen und mit einem Löffel die Knollen innen aushöhlen.
- Für die Füllung die Karotten und das Wurzelgemüse schälen, mit einer Reibe fein raspeln, die Zwiebeln klein schneiden.
- Das zerkleinerte Gemüse in Butter anbraten, mit den geschälten, fein gehackten Eiern und dem Sauerrahm vermischen, salzen und umrühren.
- Die ausgehöhlten Rote-Rübe-Knollen mit der vorbereiteten Gemüsemischung befüllen.
- Die gefüllten Rote-Rübe-Knollen mit dem geriebenen Käse bestreuen, mit zerlassener Butter beträufeln und im vorgeheizten Backofen bei 200 °C 20–25 Minuten überbacken.
- Vor dem Servieren mit Krauspetersilie garnieren.

Gefüllte Kartoffeln

Картофель фарширований

Zubereitung

- Für die Füllung die getrockneten Pilze 3–4 Stunden in kaltem Wasser einweichen, dann das Wasser abseihen und auffangen, danach die Pilze nochmals waschen und wieder in das Wasser geben, in dem sie eingeweicht waren.
- Die Pilze darin ohne Zugabe von Salz kochen, bis sie weich sind, die fertig gegarten Pilze abseihen (den Sud wiederum auffangen) und die Pilze klein schneiden (wenn man frische Pilze verwendet, diese waschen und klein schneiden).
- Die Kartoffeln sorgfältig waschen, mit der Schale kochen und, nachdem sie etwas abgekühlt sind, schälen.
- Anschließend die Kartoffeln aushöhlen, indem man ihnen die Form von traditionellen Bastschuhen (*lápti*) verleiht.
- Für die Sauce Mehl trocken in der Pfanne erhitzen, bis es den Geruch von gerösteten Nüssen annimmt, geröstetes Mehl abkühlen lassen, mit einem Teil vom Pilzsud aufgießen, bis zur Konsistenz von flüssigem Obers verrühren und aufkochen lassen.
- Die Zwiebeln fein hacken und in Butter 5–7 Minuten anbraten, die Pilze hinzugeben und alles zusammen weiterbraten, mit Salz und Pfeffer abschmecken, die restliche Pilzbouillon hinzugeben und umrühren.
- Die „Kartoffelschuhe" mit der Pilzmischung befüllen, diese dann auf ein mit Butter eingefettetes Backblech legen, mit Paniermehl bestreuen und mit zerlassener Butter beträufeln, im vorgeheizten Backofen bei 200 °C ca. 20 Minuten überbacken, bis sie eine rotbraune Kruste aufweisen.

Zutaten

220 g getrocknete Pilze
2 kg gleichmäßige,
mittelgroße Kartoffeln
900 g frische oder
60 g Zwiebeln
50 g Butter
Salz
schwarzer gemahlener Pfeffer

Für die Sauce
10 g Weizenmehl
etwas Pilz-Kochsud
zum Aufgießen

Butter für das Backblech und
zum Beträufeln
Paniermehl zum Bestreuen
frische Kräuter zum Garnieren

Gefüllte Kartoffelteigtaschen (Srási)

Зрази

4 Portionen

Zutaten

2 Zwiebeln
Pflanzenöl zum Anbraten
400 g Pilze (z. B. Champignons)
Salz
schwarzer gemahlener Pfeffer
1 kg Kartoffeln
30 g Butter
1 Ei
3 Esslöffel Mehl
ca. 100 g Mehl zum Wenden
100 ml Sauerrahm

Zubereitung

- Die Zwiebeln schälen, klein schneiden und in heißem Pflanzenöl goldgelb anbraten.
- Die Pilze putzen, waschen und klein schneiden, dann zu den angebratenen Zwiebeln in die Bratpfanne geben, salzen, pfeffern und gar dünsten.
- Die geschälten und in grobe Stücke geschnittenen Kartoffeln in Salzwasser gar kochen, anschließend das ganze Kochwasser abgießen (dabei unbedingt darauf achten, dass das Kochwasser bis zum letzten Tropfen abgegossen wird, weil der Kartoffelteig sonst auseinanderfallen kann).
- Zu den Kartoffeln die Butter hinzufügen, pfeffern und zu Kartoffelpüree zerstampfen.
- Das Kartoffelpüree leicht abkühlen lassen, das Ei und 3 Esslöffel Mehl hinzufügen und sorgfältig durchmengen.
- Auf ein Schneidebrett oder auf einen Teller etwa 100 g Mehl schütten.
- Mit einem befeuchteten Löffel ein Stück von der Kartoffelmasse abstechen, zu einer Kugel formen und diese in das Mehl legen.
- Mit befeuchteten Händen die Kartoffelteigkugel zu einer 0,5 cm dicken Scheibe mit einem Durchmesser von ungefähr 8 cm drücken.
- In die Mitte des Teiges etwas von der Zwiebel-Pilz-Füllung geben, Teig über die Füllung klappen und die Teigränder gut zusammendrücken, die so entstandene gefüllte Tasche im Mehl wenden.
- Auf diese Weise fortfahren, bis der gesamte Teig und die Füllung aufgebraucht sind, die Kartoffelteigtaschen in heißem Pflanzenöl bei mittlerer Hitzezufuhr von beiden Seiten knusprig braten.
- Vor dem Servieren mit Sauerrahm begießen.

TIPP: *Srási* (gefüllte Kartoffelteigtaschen) kann man mit einer Vielzahl von Füllungen zubereiten.

Varianten für Füllungen

- Für eine Fleischfüllung 400 g beliebiges Faschiertes mit 1–2 fein gehackten Zwiebeln in Pflanzenöl anbraten, salzen und pfeffern.
- Für eine Gemüsefüllung 2–3 Zwiebeln und 3–4 Karotten klein geschnitten in Pflanzenöl anbraten, salzen und pfeffern.
- Für eine Eierfüllung 6 hart gekochte Eier und 200 g Jungzwiebelgrün bzw. Schnittlauch fein hacken und miteinander vermengen.
- Für eine Topfenfüllung 350 g Magertopfen mit je einem Bund fein gehackter Petersilie und fein gehacktem Dill und einem leicht verquirlten Ei vermengen, salzen und pfeffern.

In der Bauernküche der Zentralukraine und Podoliens gibt es eine Vielzahl von Rezepten für gefüllte Kartoffelklöße bzw. Kartoffelteigtaschen, die allesamt leicht zuzubereiten und zugleich nahrhaft sind.

Überbackener
Kartoffelauflauf

Запіканка картопляна

4–6 Portionen

Zutaten

750 g Kartoffeln
300 g Pilze
1 Knoblauchzehe
etwas Butter
2 Esslöffel Paniermehl
Salz
3 Esslöffel Pflanzenöl

Für den Guss
100 ml Sauerrahm
50 ml Milch
1 Ei
Salz
schwarzer gemahlener Pfeffer

Zubereitung

- Die Kartoffeln waschen, schälen und in dünne Scheiben schneiden, die Pilze putzen und in kleine Stücke schneiden.
- Die Auflaufform mit einer halbierten Knoblauchzehe einreiben, mit Butter einfetten und mit etwas Paniermehl bestreuen.
- Die Hälfte der Kartoffelscheiben in die Form schichten, darauf die Pilze verteilen und salzen, diese mit einer Kartoffelschicht bedecken.
- Für den Guss alle Zutaten gut verrühren, salzen und pfeffern, die Kartoffeln mit dieser Sauce begießen und mit Pflanzenöl beträufeln.
- Den Auflauf anschließend mit dem restlichen Paniermehl bestreuen und im vorgeheizten Backofen bei 180 °C 40–50 Minuten backen.
- Vor dem Servieren portionieren und mit frischen Kräutern garnieren.

Kartoffelpuffer
(Deruný)

Деруни (драніки)

Zubereitung

- Die Zwiebel schälen und fein hacken, die Kartoffeln schälen und mit einer groben Reibe raspeln, die fein gehackte Zwiebel mit den geriebenen Kartoffeln vermischen und alle anderen Zutaten für die *Deruný* hinzufügen.
- Pflanzenöl in einer Pfanne erhitzen und mit einem Löffel Häufchen der Kartoffelmasse in eine Pfanne mit heißem Pflanzenöl geben, flach drücken und von beiden Seiten knusprig goldbraun braten.
- Für die Sauce die gewaschenen Kräuter fein hacken und in den Sauerrahm rühren, mit Salz und Pfeffer abschmecken.
- Die *Deruný* heiß mit der kalten Sauerrahmsauce servieren.

Zutaten

Für die Kartoffelpuffer
1 Zwiebel
5–6 Kartoffeln
1 Ei
3–4 Esslöffel Mehl
Salz
Pflanzenöl zum Braten

Für die Sauce
frische Petersilie und Dill
150 g Sauerrahm
Salz
schwarzer gemahlener Pfeffer

Nudelteigtaschen (Waréniki) mit verschiedenen Füllungen

Вареники

ca. 50 Stück

Teigzubereitung

Teigzutaten

- Das Mehl in eine tiefe Schüssel sieben, das Soda und das Salz hinzufügen und sorgfältig vermischen.
- Das Ei unter Zugabe des Zuckers mit einer Gabel etwa drei Minuten verquirlen, bis sich ein leichter Schaum bildet.
- In das Mehlgemisch eine Mulde machen und das Ei-Zucker-Gemisch und danach den leicht erwärmten Kefir hineingießen, alles miteinander vermengen und zu einem Teig kneten (eventuell muss noch etwas Mehl hinzugegeben werden).
- Der Teig ist fertig, wenn er geschmeidig ist und nicht mehr an den Händen klebt.

800–900 g Mehl höherer Type
(z. B. Type 550 in D, W700 in Ö)
1 ½ Teelöffel Speisesoda
1 Teelöffel Salz
1 Ei
1 Esslöffel Zucker
500 ml Kefir

HINWEIS: Mit Teig auf Kefir-Basis werden die Nudelteigtaschen besonders herzhaft, zart und üppig. Eine Alternative zu diesem Teig ist ein Teig auf Wasser-Basis (s. S. 129). Anstelle von Kefir kann man jedes beliebige Sauermilchprodukt bzw. Joghurt oder Molke verwenden. Man kann die Sauermilchprodukte auch mit etwas Wasser verdünnen.

TIPP: Nudelteig auf Kefir-Basis reagiert sehr empfindlich auf zu langes Kochen: Die Nudelteigtaschen werden dann klebrig und schmecken nicht mehr. Nachdem sie einmal kräftig aufgekocht sind und an der Oberfläche schwimmen, sollte man sie sofort aus dem Wasser nehmen.

Kartoffelfüllung

20–30 Stück

Zubereitung

Zutaten

- Die Kartoffeln mit der Schale in Salzwasser kochen, schälen und zerstampfen (oder durch die Kartoffelpresse drücken).
- Die Zwiebeln schälen, klein schneiden und in der heißen Butter goldgelb anbraten, die angebratenen Zwiebeln mit der Butter zum Kartoffelpüree hinzugeben, salzen, pfeffern und sorgfältig umrühren.

600 g Kartoffeln
1–2 Zwiebeln
60–70 g Butter
Salz
schwarzer gemahlener Pfeffer

Fleischfüllung

20–30 Stück

Zubereitung

Zutaten

- Das in Stücke geschnittene Fleisch zusammen mit einer ganzen Zwiebel weich kochen, das Fleisch aus der Bouillon nehmen, abkühlen lassen und durch den Fleischwolf drehen.
- Die restlichen beiden Zwiebeln klein schneiden und in erhitzter Butter goldgelb anbraten, das durch den Fleischwolf gedrehte Fleisch zu den Zwiebeln in die Pfanne geben und unter Umrühren noch weitere 5 Minuten anbraten, zum Schluss mit Salz und Pfeffer abschmecken.

600–700 g nicht allzu fettes Schweinefleisch, Rindfleisch oder eine Mischung aus beiden (z. B. Schulter)
2–3 Zwiebeln
100 g Butter ▪ Salz
schwarzer gemahlener Pfeffer

Befüllen und Verschließen der Teigtaschen s. nächste Seite.

25–30 Stück

Zutaten

700 g Sauerkraut
2 Zwiebeln
2 Esslöffel Schmalz
oder Pflanzenöl
Zucker nach Geschmack

TIPP: Herzhafte Nudelteigta-
schen kann man mit in Butter
gebratenen Zwiebeln oder
Speckwürfeln servieren.
Zu süßen Nudelteigtaschen
(Varianten s. S. 129/130)
passen Fruchtsaucen oder
Sauerrahm.

Krautfüllung

Zubereitung

- Das Sauerkraut gut auspressen, um es von der Salzlake zu befreien.
- Die klein geschnittenen Zwiebeln im erhitzten Schmalz oder im Pflanzenöl goldgelb anbraten, das Sauerkraut zu den Zwiebeln in die Pfanne dazugeben und
unter Umrühren dünsten, bis es weich ist und eine bräunliche Farbe annimmt.

TIPP: Man kann auch frisches, fein geschnittenes Kraut statt Sauerkraut
verwenden, hier dauert das Weichdünsten etwas länger.

Befüllen und Verschließen der Nudelteigtaschen

- Den fertigen Teig (Varianten und Zubereitung s. S. 119 und 129/130) dünn ausrollen und aus ihm Kreise mit einem Durchmesser von ca. 7 cm ausstechen oder
den Teig zu Rollen formen, mit dem Messer in gleich große Stücke zerteilen,
diese zu Bällchen formen und mit dem Nudelholz zu Teigplätzchen vom selben
Durchmesser ausrollen.
- In die Mitte eines jeden Teigplätzchens ein Häufchen der Füllung geben, die
Teigtaschen zusammenklappen und gut verschließen (die Ränder können nach
Belieben auf verschiedene Art und Weise zusammengedrückt und geformt
werden, s. Anleitungsbilder unten sowie auf S. 130).
- Die Teigtaschen portionsweise in kochendes Wasser geben und dabei umrüh-
ren, damit sie nicht am Boden haften bleiben, die Nudelteigtaschen bei mittlerer
Hitze köcheln lassen.
- Sobald sie an der Oberfläche schwimmen, aufmerksam beobachten: Kurz nach
einem kräftigen Aufkochen die Teigtaschen mit einem Schaumlöffel sofort aus
dem Kochwasser heben.
- Die fertig gegarten Nudelteigtaschen mit zerlassener Butter anrichten.

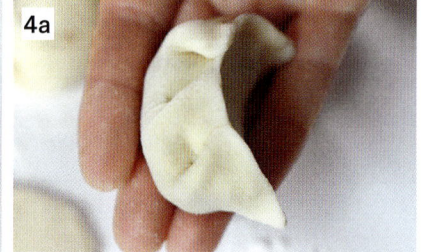

Mamalýga
mit Brýndsja und Grieben

Банош з бринзой та шкварками

Zubereitung

- In 4 feuerfeste kleine Auflaufformen jeweils 100 g Maismehl streuen, salzen und mit je 300 ml kochendem Wasser auffüllen.
- Die Auflaufformen mit Deckeln in den auf 200 °C vorgeheizten Backofen stellen und 1 Stunde garen.
- Unterdessen den Schweinespeck in Würfel schneiden, die Zwiebeln schälen, waschen und fein hacken, die *Brýndsja* fein reiben.
- Eine Bratpfanne erhitzen, den Schweinespeck hineingeben und bei mittlerer Hitzezufuhr Grieben braten (die Speckwürfel goldgelb anbraten, dabei muss ein bedeutender Teil des Fettes ausgeschmolzen werden).
- Dann zu den Grieben die fein gehackten Zwiebeln hinzugeben und unter gelegentlichem Umrühren 5 Minuten goldgelb anbraten.
- Anschließend die Auflaufformen aus dem Backofen nehmen und dem *Mamalýga* die Grieben und die angebratenen Zwiebeln mit dem ausgeschmolzenen Fett sowie die geriebene *Brýndsja* untermengen (wenn während der Zubereitung noch Maisbreireste an den Wänden der Auflaufformen haften geblieben sind, so werden sie sich beim Untermengen der Zutaten lösen und in der Gesamtmasse aufgehen.)
- Den *Mamalýga* noch 15–20 Minuten lang stehen lassen, dann leicht abgekühlt servieren.

> Eine deftigere Variante des *Mamalýga* ist der huzulische *Bánosch*. Näheres dazu in der Einleitung auf S. 11.

12 Portionen

Zutaten

400 g Maismehl oder feiner Maisgrieß • Salz
1,2 l Wasser
200 g roher Schweinespeck
2–3 Zwiebeln
120 g Salzlakenkäse *Brýndsja*

4 kleine Auflaufformen mit Deckeln

> Klassischerweise wird dieses ukrainische Rezept mit dem Salzlakenkäse *Brýndsja* hergestellt, der nicht mit dem bei uns verwendeten Brimsen verwechselt werden darf. *Brýndsja* wird als schnittfester Käse über das Gericht gerieben und kann für dieses Gericht etwa durch *Pecorino* ersetzt werden. Ebenso ist es möglich, dem Maisgrieß, wie in Rumänien üblich, milden Schafskäse wie Feta unterzurühren.

Buchweizenauflauf

Запечена гречана каша

4 Portionen

Zutaten

500 g Buchweizen
2 Zwiebeln
300 g Champignons
3 Esslöffel Butter
Salz
schwarzer gemahlener Pfeffer
150 ml Sauerrahm
2 Eier
ca. 100 g geriebener Käse

Zubereitung

- Den Buchweizen waschen, mit 1 l Wasser in einen Topf geben, auf den Herd stellen, salzen und 10–15 Minuten garen, bis das Wasser ganz verkocht ist.
- Die Zwiebeln und Champignons klein hacken, die Zwiebeln in der Butter goldgelb braten.
- Die Champignons hinzugeben, salzen und pfeffern, alles zusammen etwa 10 Minuten braten.
- Eine Auflaufform mit Butter einfetten, die Hälfte des gekochten Buchweizens in die Form geben.
- Die gebratenen Pilze mit den Zwiebeln darauf verteilen und mit dem Rest des Buchweizens abdecken.
- Den Sauerrahm mit den verquirlten Eiern verrühren, auf den Buchweizen gießen und das Ganze mit geriebenem Käse bestreuen.
- Den Auflauf 15 Minuten im vorgeheizten Ofen bei 200 °C backen.
- Portionieren und mit frischen Kräutern garniert servieren.

Hirseauflauf

Запіканка пшоняна

6 Portionen

Zubereitung

- Die Hirse sorgfältig mehrmals waschen, die Rosinen und getrockneten Marillen mit kochendem Wasser übergießen und darin 5 Minuten stehen lassen, anschließend das Wasser abgießen, Rosinen und Marillen sorgfältig waschen, die Marillen in Würfel schneiden.
- Die Hirse mit Milch und Salz unter ständigem Rühren zu einem zähflüssigen Brei aufkochen, anschließend abkühlen lassen.
- 2 Eier in Eigelb und Eiweiß trennen, die Eigelb in den Hirsebrei rühren, zum Hirsebrei anschließend den Vanillezucker, die Rosinen und die in Würfel geschnittenen Marillen hinzugeben.
- Die Eiweiß mit Zucker steif schlagen, dann vorsichtig unter den Hirsebrei heben.
- Eine Backform mit Butter einfetten, mit Paniermehl bestreuen und darin den Hirsebrei verteilen, die Oberfläche des Breis glätten und mit dem restlichen Ei, vermischt mit Sauerrahm, bestreichen.
- Den Hirsebrei im vorgeheizten Backofen bei 200 °C 20 Minuten backen, den fertigen Hirseauflauf mit Sauerrahm oder Konfitüre servieren.

TIPP: Auch Süßspeisen werden in der Ukraine als Hauptgerichte aufgetischt.

Zutaten

375 g Hirse
80 g Rosinen
80 g getrocknete Marillen
750 ml Milch
1 Prise Salz
3 Eier
1 Päckchen Vanillezucker
1 Esslöffel Zucker
50 g Butter und
Paniermehl für die Form
60 ml Sauerrahm

Kapitel 7
Süßes
Süßspeisen, Kuchen & Desserts

„Verwandtschaftskuchen"

Пиріг „Рідня"

Zubereitung

- Einen Hefeteig wie auf S. 134 beschrieben zubereiten und aufgehen lassen.
- Die getrockneten Marillen und die Dörrzwetschken getrennt in kaltem Wasser einweichen und anschließend in diesem Wasser kochen, dann abseihen (den Sud auffangen) und die Trockenfrüchte zerkleinern.
- Einen Teil des Zuckers und ca. 100 ml Sud hinzugeben und kochen, bis die Masse eindickt.
- Die Kirschen entkernen und mit dem restlichen Zucker süßen, das Stärkemehl hinzugeben, umrühren und eindicken lassen.
- Den Teig in 3 Teile teilen, diese zu Rollen formen (**Bild 1**), diese in jeweils 4 kleine Stücke schneiden und zu Bällchen formen (**Bild 2**).
- Die Hefeteigbällchen 5–6 Minuten aufgehen lassen, anschließend die Teigbällchen ausrollen und auf jedes Teigstück eine Sorte Füllung geben, die Teigränder zusammenkneifen und den Piroschki dabei die Form von kleinen Booten oder Bällchen verleihen (**Bild 3**).
- Die Piroschki je nach Füllung abwechselnd in eine eingefettete Backform in einer Schicht dicht nebeneinander reihen (**Bild 4**), noch einmal aufgehen lassen, dann auf dem Teig Margarineflocken verteilen und im vorgeheizten Backofen bei 230 °C 20 Minuten backen.
- Den fertigen „Verwandtschaftskuchen" abkühlen lassen und nach Geschmack mit Puderzucker bestreuen.

8 Portionen

Zutaten

500 g Hefeteig
(Rezept s. S. 134,
ohne Rosinen und Rum)
50 g getrocknete Marillen
50 g Dörrzwetschken
80 g Zucker
80 g Kirschen
1 Esslöffel Stärkemehl
100 g Margarine
Puderzucker zum Bestreuen

Butter für die Form

Auch dieser mit Trockenfrüchten und Kirschen gefüllte Kuchen wird in der Ukraine als Pirogge bezeichnet!

Topfen-Mohn-Nockerln
(Schnelle Waréniki)

4 Portionen

Сирно-макові ледачі вареники з полуничним соусом

Zutaten

Waréniki
300 g Topfen ▪ 1 Ei ▪ 1 Prise Salz
3 Esslöffel gemahlener Mohn
2 Esslöffel Mehl

Für die Sauce
400 g Erdbeeren (man kann
auch eingefrorene verwenden)
300 g Sauerrahm
100 g Puderzucker

Zubereitung

▪ Für die Sauce die Erdbeeren waschen und gut abtropfen lassen (wenn man eingefrorene verwendet, dann die Erdbeeren auftauen) und unter Zugabe des Sauerrahms und des Puderzuckers pürieren.

▪ Für die schnellen Waréniki den Topfen mit dem Ei verrühren, Salz, den gemahlenen Mohn und das Mehl hinzufügen und daraus einen Teig kneten.

▪ Auf einer mit Mehl bestreuten Arbeitsfläche den Teig etwa 1 cm dick ausrollen, mit verschiedenen Formen beliebige Figuren aus dem ausgerollten Teig ausstechen (man kann aber auch aus dem Teig eine Rolle formen und diese in einheitliche Scheiben schneiden).

▪ In einem Topf eine ausreichende Menge Salzwasser zum Kochen bringen, die vorbereiteten Waréniki in das kochende Wasser geben und so lange kochen, bis sie an der Oberfläche schwimmen (4–5 Minuten). Die fertigen Plätzchen mit einem Schaumlöffel aus dem Topf nehmen und mit Erdbeersauce übergossen heiß servieren (vor dem Servieren die Sauce nach Wunsch erwärmen, aber keinesfalls zum Kochen bringen!).

Im Ukrainischen ist von „faulen" (*ledátschi*) Waréniki die Rede. Damit ist die vergleichsweise schnelle und einfache Zubereitung gemeint: Bei den sonst üblichen Topfen-Waréniki stellt der Topfen die Füllung der Nudelteigtaschen dar. Hier sind die Zutaten ganz ähnlich, nur mit dem Unterschied, dass der Topfen dem Nudelteig gleich beigemischt statt in den Teig eingewickelt wird.

Apfelzopf

Плетеник з яблуками

6 Portionen

Zubereitung

- Den Blätterteig nach Packungsanleitung auftauen, die Äpfel waschen, schälen und klein schneiden, den klein geschnittenen Äpfeln den Honig, den Zucker, die fein gehackten Walnüsse und die getrockneten Preiselbeeren beimischen.
- Den Teig zu einem Rechteck ausrollen, die Apfelmasse längs der Mittellinie auf dem Teig verteilen (ein Drittel des Teigs jeweils rechts und links der Apfelfüllung frei lassen), die frei gelassenen Teigränder mit Eiweiß oder Wasser bestreichen.
- Die Teigränder quer zur Apfelfüllung hin im Abstand von 1 cm einschneiden und die so entstandenen Streifen über der Füllung zu einem Zopf flechten.
- Den Zopf mit verquirltem Ei leicht bestreichen und im vorgeheizten Backofen bei 200 °C 20–25 Minuten backen.

Zutaten

400 g Blätterteig
500 g Äpfel
1 Esslöffel Honig
1 Esslöffel Zucker
1 Esslöffel fein gehackte
Walnüsse
30 g getrocknete Preiselbeeren

Eiweiß oder Wasser
zum Bestreichen
1 Ei

Nudelteigtaschen (Waréniki)
mit verschiedenen Füllungen
Вареники

Teigzubereitung

- Das Mehl auf ein Schneidebrett zu einem Haufen sieben, eine Mulde machen, das kohlensäurehaltige Wasser mit den Eiern und dem Salz in einem Schüttelbecher durchschütteln und in die Mehlmulde gießen.
- Daraus einen festen, aber geschmeidigen Teig kneten, den Teigballen in einen Topf geben, mit dem Deckel zudecken und 30–50 Minuten ruhen lassen.

> TIPP 1: Der Teig wird mit kaltem Wasser (25 °C) vermengt, man kann jedoch auch entrahmte Milch oder ein Wasser-Milch-Gemisch verwenden.
> TIPP 2: Der Teig mit der zartesten Konsistenz gelingt mit kohlensäurehaltigem Wasser.
> TIPP 3: Waréniki-Teig muss ziemlich fest, aber geschmeidig sein, dann lässt er sich leicht dünn ausrollen, zerfällt beim Kochen nicht und kann über längere Zeit eingefroren werden.

Teigzutaten

500 g Mehl höherer Type
(z. B. Type 550 in D, W700 in Ö)
250 ml kohlensäurehaltiges
Wasser
2 Eier
½ Teelöffel Salz

> Eine Alternative ist ein Teig auf Kefir-Basis (Rezept s. S. 119). Auch mit pikanten Füllungen (Rezepte s. S. 119/120) sind Waréniki sehr beliebt.

Kirschfüllung

ca. 30 Stück

Zubereitung

- Die frischen Kirschen waschen und entkernen, bei Verwendung von eingefrorenen Kirschen den beim Auftauen entstehenden Kirschsaft abseihen und auffangen (man kann ihn für Kompott verwenden).
- Die Kirschen mit dem Zucker und dem Mehl bzw. Grieß vermengen.

> TIPP: Das Mehl bzw. der Grieß wird den Kirschen deshalb beigefügt, damit die Kirschen beim Kochen nicht vollständig entsaftet werden. Wenn man weder Mehl noch Grieß hinzugibt, dann läuft der Kirschsaft aus den Nudelteigtaschen und sie zerfallen beim Kochen.

Zutaten

700–800 g frische oder
eingefrorene Kirschen
200 g Zucker
2–3 Esslöffel Mehl oder Grieß

Befüllen und Verschließen der Teigtaschen s. nächste Seite.

ca. 25 Stück

Zutaten

---

60 g Rosinen
500 g Rahmtopfen
1 Ei
50 g Zucker
½ Teelöffel Salz

TIPP: Waréniki sind auch mit pikanten Füllungen (Rezepte s. S. 119/120) sehr beliebt.

Topfenfüllung

Zubereitung

- Die Rosinen mit kochendem Wasser übergießen und 10 Minuten stehen lassen.
- Zum Topfen das Ei, den Zucker und das Salz hinzugeben und umrühren.
- Wasser von den Rosinen abgießen, diese zur Topfenmasse hinzufügen, umrühren.

Befüllen der Nudelteigtaschen

- Den fertigen Teig (Varianten und Zubereitung s. S. 119 und 129) dünn ausrollen und aus ihm Kreise mit einem Durchmesser von ca. 7 cm ausstechen oder den Teig zu Rollen formen, mit dem Messer in gleich große Stücke zerteilen, diese zu Bällchen formen und mit dem Nudelholz zu Teigplätzchen vom selben Durchmesser ausrollen.
- In die Mitte eines jeden Teigplätzchens ein Häufchen der Füllung geben, die Teigtaschen zusammenklappen und gut verschließen (die Ränder können nach Belieben auf verschiedene Art und Weise zusammengedrückt und geformt werden, s. Anleitungsbilder unten sowie auf S. 120).
- Die Teigtaschen portionsweise in kochendes Wasser geben und dabei umrühren, damit sie nicht am Boden haften bleiben, die Nudelteigtaschen bei mittlerer Hitze köcheln lassen.
- Sobald sie an der Oberfläche schwimmen, aufmerksam beobachten: Kurz nach einem kräftigen Aufkochen ist es Zeit, die Teigtaschen mit einem Schaumlöffel aus dem Kochwasser zu heben.
- Die fertig gegarten Nudelteigtaschen mit zerlassener Butter anrichten.

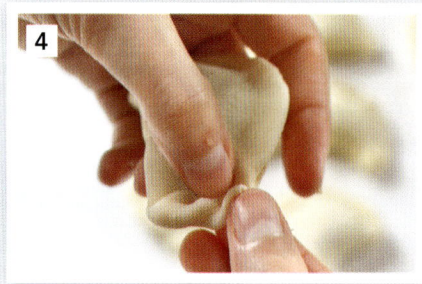

Bratäpfel
mit Trockenobst

Яблука, запечені з сухофруктами

4 Portionen

Zubereitung

- Die Äpfel waschen, die getrockneten Marillen und die Dörrzwetschken in kleine Würfel schneiden und mit den klein gehackten Mandeln, den getrockneten Preiselbeeren, der Hälfte des Zuckers und mit der Butter vermengen.
- Bei den Äpfeln das Kerngehäuse und einen Teil des Fruchtfleisches ausstechen, die Äpfel mit Zitronensaft beträufeln und anschließend mit der Trockenobstmischung füllen.
- Die gefüllten Äpfel auf ein mit Butter eingefettetes Backblech legen, ein wenig Wasser dazugießen, die Äpfel mit dem restlichen, mit gemahlenem Zimt vermischten Zucker bestreuen und anschließend bei 180 °C 15 Minuten im Backofen braten (sie sollen in der Mitte noch fest sein).

TIPP: Die Bratäpfel kann man sowohl heiß als auch kalt servieren.

Zutaten

4 Äpfel
4 getrocknete Marillen
2 entkernte Dörrzwetschken
10 Mandeln
8 getrocknete Preiselbeeren
80 g Zucker
20 g Butter
Saft von 1 Zitrone
½ Teelöffel gemahlener Zimt

Topfengebäck
mit Rosinen

4 Portionen

Сирники з ізюмом

Zutaten

250 g Topfen
50 g Rosinen
3 Esslöffel Zucker
¼ Teelöffel Salz
1 Ei
250 g Mehl
½ Teelöffel Backpulver
50 ml Sonnenblumenöl
100 ml Sauerrahm

Zubereitung

- Den Topfen gut verrühren, die Rosinen waschen und mit kochendem Wasser übergießen, eine Minute stehen lassen und dann das Wasser abgießen.
- Den Topfen mit Zucker, Salz und dem Ei vermengen, 200 g Mehl mit dem Backpulver vermischen, zur Topfenmasse hinzufügen und sorgfältig umrühren, die Rosinen daruntermischen.
- Das verbleibende Mehl auf einem Teller verteilen, mit einem Esslöffel Portionen vom Topfenteig abstechen, diese rundum im Mehl wenden und mit der Hand 1 cm dicke Scheiben mit 7–8 cm Durchmesser formen.
- In einer Pfanne Sonnenblumenöl erhitzen und das Topfengebäck von beiden Seiten bei mittlerer Hitze backen, mit Sauerrahm servieren.

Puchkéniki

Пухкеники

6 Portionen

Zubereitung

- Das Wasser mit der Butter und dem Zucker zum Kochen bringen, dann das ganze Mehl hinzugeben, bei schwacher Hitze so lange unter ständigem Rühren weiterkochen, bis das Mehl aufhört, an den Wänden des Kochtopfs kleben zu bleiben.
- Den entstandenen Teig auf 60–70 °C abkühlen lassen, die Eier trennen, die Eigelb nacheinander unter den Teig rühren (den Teig dabei jedes Mal zu einer einheitlichen Konsistenz rühren), anschließend allmählich das schaumig geschlagene Eiweiß hinzugeben.
- Mit einem Löffel jeweils eine kleine Portion Teig entnehmen und sie im erhitzten Pflanzenöl goldgelb frittieren.
- Die fertigen *Puchkéniki* mit Paniermehl, vermischt mit Vanillezucker, bestreuen.

> *Puchkéniki* sind krapfenähnliche, nationale ukrainische Konditoreiprodukte aus einem einfachen Brandteig, der nicht speziell geformt, sondern mit einem Löffel portioniert wird. Unbedingt heiß servieren, im kalten Zustand verwandeln sie sich in einen zähen Teigklumpen.

Zutaten

- 375 ml Wasser
- 1 Esslöffel Butter
- 60 g Zucker
- 375 g Mehl
- 6 Eier
- 500 ml Pflanzenöl
- 2 Esslöffel Paniermehl
- 1 Esslöffel Vanillezucker

> TIPP: *Puchkéniki* können auch mit Konfitüre bestrichen werden.

133

Punschnapfkuchen

Ромова баба

Zutaten

Für den Teig
120 ml Milch ▪ 20 g Hefe
25 g Zucker ▪ 400–500 g Mehl
150 g Rosinen ▪ 200 ml Rum*
3 Eier ▪ Salz ▪ 120 g Butter

Butter und Mehl für
10 Backformen mit gewelltem
Rand und einem Boden-
durchmesser von ca. 6 cm
1 Eigelb zum Bestreichen

Für die Glasur
150 g Zucker ▪ 75 ml Wasser
1 Zitrone ▪ 20 ml Rum

**Zum Durchtränken
des Kuchens**
150 g Zucker ▪ 150 ml Wasser
30 ml Rum

* Den Rum kann man durch
Branntwein mit Rumessenz
ersetzen; 1 Teelöffel Branntwein und 5 Tropfen Rumessenz
ersetzen 2 Esslöffel Rum.

TIPP 1: Auf den Boden des
Backofens während des Back-
vorgangs ein kleines Gefäß mit
Wasser stellen, damit die Kruste
des Punschnapfkuchens nicht zu
trocken wird und die Flüssigkeit
zum Durchtränken durchlässt.

TIPP 2: Wenn man die Glasur nur
bei schwacher Hitze kocht, kara-
mellisiert der Zucker und die Glasur nimmt eine bräunliche statt
einer schneeweißen Farbe an.

Zubereitung

- Alle Zutaten für den Teig müssen Zimmertemperatur haben, zuerst für den Vorteig die Milch auf 35–40 °C erwärmen, in der warmen Milch behutsam die Hefe
zerkleinern, bis sie sich vollständig auflöst und sich keine Klümpchen bilden.
- 1 Esslöffel Zucker und die Hälfte des Mehls hinzugeben, sorgfältig umrühren,
den Teig mit einem Geschirrtuch zudecken und etwa 40 Minuten an einem
warmen Ort aufgehen lassen.
- Inzwischen die Rosinen waschen und trocknen, den Rum etwas anwärmen
(nicht zum Kochen bringen!) und die Rosinen mit dem warmen Rum begießen,
mit Folie abdecken und 30 Minuten stehen lassen.
- Wenn der Vorteig aufgegangen ist, der Reihenfolge nach die verquirlten Eier,
dann das Salz, das restliche Mehl und die Butter hinzugeben und einen festen
geschmeidigen Teig kneten, den Teig zum Aufgehen an einen warmen Ort
stellen.
- Nach 20 Minuten den Teig erneut durchkneten, die Rosinen hinzufügen und bis
zur gleichmäßigen Verteilung der Rosinen weiterkneten, anschließend wiederum zum Aufgehen an einen warmen Ort stellen.
- Die Backformen sorgfältig mit Butter ausfetten und mit Mehl bestreuen, das
überschüssige Mehl aus den Formen schütteln.
- Aus dem Teig 10 glatte Bällchen formen und mit ihnen die Formen bis zur Hälfte
auffüllen, den Teig in den Formen weitere 20 Minuten aufgehen lassen.
- Die Teigoberfläche mit verquirltem Eigelb bestreichen und im vorgeheizten
Backofen bei 200 °C 25 Minuten backen.
- In der Zwischenzeit für die Glasur den Zucker mit dem Wasser und dem aus-
gepressten Zitronensaft bei starker Hitze zum Kochen bringen und mit einem
Deckel zugedeckt 5 Minuten kochen lassen.
- Anschließend den Topf mit dem Zuckersirup schnell abkühlen lassen, indem
man ihn in ein Gefäß mit kaltem Wasser eintaucht, wenn der Sirup eine Temperatur von 40 °C erreicht hat, die Glasur mit einem Holzlöffel intensiv schlagen,
während des Schlagens wird der Sirup dickflüssig und weiß.
- Zum Schluss 2 Esslöffel Rum zur Glasur geben und gut verrühren, damit sich auf
der Glasur oben keine Haut bildet, das Glasurgefäß mit einem feuchten Ge-
schirrtuch zudecken.
- Die fertig gebackenen Punschnapfkuchen aus dem Backofen nehmen, vorsichtig aus den Formen stürzen und etwas abkühlen lassen, dann einige Einstiche
mit einem Zahnstocher an der Unterseite vornehmen, damit das Aroma die
Punschnapfkuchen besser durchtränken kann.
- Zum Durchtränken des Kuchens den Zucker in das Wasser geben und bis zur
Auflösung des Zuckers kochen, anschließend den Sirup abkühlen lassen, den
Rum hinzugeben und umrühren.
- Jeden Napfkuchen mit der eingestochenen Unterseite 1 cm tief 15–20 Sekunden in diesen Sirup eintauchen, dann herausnehmen und die Napfkuchen auf
den Kopf stellen, damit sie ganz durchtränkt werden.
- Dann die Napfkuchen mit der Unterseite in die Glasur eintunken und darin dre-
hen, anschließend die Napfkuchen wieder umdrehen und auf dem Kopf stehend
vollständig abkühlen lassen.

Kuchen mit Nüssen
und Trockenobst

Тістечко з горіхами та сухофруктами

6 Portionen

Zutaten

2 Eier
200 g Butter
500 g Weizenmehl
200 g Zucker
200 g Konfitüre
150 g Trockenobst
150 g gehobelte Nüsse
(Walnüsse, Mandeln)

Butter für das Backblech

Zubereitung

- Die Eier in Eigelb und Eiweiß trennen, die Butter mit dem Messer zerkleinern und mit dem Mehl vermengen, die Hälfte des Zuckers und 2 Eigelb hinzufügen und zu einer einheitlichen Masse kneten.
- Den Teig in Frischhaltefolie wickeln und für 30 Minuten an einen kühlen Ort stellen.
- Den fertigen Teig ausrollen und auf ein mit Butter eingefettetes Backblech legen, mit Konfitüre bestreichen und im vorgeheizten Ofen bei 200 °C 12 Minuten halb gar backen.
- Das Trockenobst in kaltem Wasser einweichen, mit heißem Wasser abbrühen, abtrocknen und klein schneiden.
- Die beiden Eiweiß mit dem restlichen Zucker steif schlagen, den halb gebackenen Teig leicht abkühlen lassen und mit dem Eischnee bestreichen.
- Die gehobelten Nüsse und das zerkleinerte Trockenobst auf der Eiweißschicht verteilen und den Kuchen bei einer Temperatur von 200 °C etwa 15 Minuten fertig backen, bis die Eiweißschicht braun zu werden beginnt.
- Vor dem Servieren den Kuchen in Portionen schneiden.

Apfelkuchen

Пиріг яблучний

Zubereitung

- Die Äpfel waschen, schälen und vom Kerngehäuse befreien, anschließend in Würfel schneiden und mit Zimt vermengen.
- Die Butter mit dem Zucker schaumig schlagen, den Sauerrahm, die Eier und das mit Essig vermischte Speisesoda hinzugeben.
- Diese Masse gut umrühren und das Mehl hinzufügen, umrühren (der Teig soll formbar, nicht zäh sein, es ist möglich, dass etwas mehr oder weniger Mehl benötigt wird).
- Zuletzt zum Teig die mit Zimt vermengten Apfelwürfel hinzufügen und unterrühren.
- Eine Backform mit Butter einfetten und mit Paniermehl bestreuen, den Teig mit den Apfelstücken in die Backform geben, die Teigoberfläche glätten und im vorgeheizten Backofen bei 180 °C 40–45 Minuten backen.
- Den fertigen Apfelkuchen abkühlen lassen und mit Puderzucker bestreuen.

Zutaten

5 Äpfel
½ Teelöffel gemahlener Zimt
150 g Butter
250 g Zucker
250 g Sauerrahm
2 Eier
1 Teelöffel Essig
½ Teelöffel Speisesoda
(oder Backpulver)
500 g Mehl

etwas Butter und
1 Esslöffel Paniermehl
für die Form
1 Esslöffel Puderzucker
1 Teelöffel Pflanzenöl

Palatschinkensäckchen
mit Apfel und Rosinen

Мішочки з яблуками та ізюмом

6 Portionen

Zutaten

2 Eier
250 ml Milch
1 Prise Salz
1 Esslöffel Zucker
125 g Weizenmehl

1 Esslöffel zerlassene Butter
zum Ausbacken
Pfefferminz- oder
Melissenstängel

Für die Füllung
5 Äpfel
3 Esslöffel Rosinen
Zucker nach Belieben

Zubereitung

- Die Eier mit der Milch, Salz und Zucker verrühren, allmählich das Mehl hinzugeben und mit dem Mixer zu einer homogenen Masse schlagen.
- Den Teig 30 Minuten gehen lassen, danach in kleinen Portionen in eine mit zerlassener Butter eingefettete, erhitzte Bratpfanne gießen und die Palatschinken beidseitig goldgelb backen.
- Für die Füllung die gewaschenen und vom Kerngehäuse befreiten Äpfel in kleine Würfel schneiden, in wenig Wasser dünsten, abkühlen lassen und mit Rosinen und Zucker vermischen.
- In die Mitte jeder Palatschinke etwas von der Apfel-Rosinen-Füllung geben, die Palatschinken anschließend zu Säckchen formen und jeweils mit einem Stängel Pfefferminze oder Melisse zusammenbinden.

Kürbiskringel

Бублики з гарбузом

Zubereitung

- Das Mehl in eine Schüssel geben, die Hefe im lauwarmen Wasser auflösen, diese Hefe-Mischung, Zucker, Salz, Ei und Butter zum Mehl hinzugeben und zu einem geschmeidigen Teig kneten.
- Den Teig zudecken und 3 Stunden gehen lassen, während des Gärungsprozesses noch zweimal durchkneten.
- Den Kürbis schälen und die Samen entfernen, das Fruchtfleisch mit einer Reibe raspeln.
- In den Teig den geriebenen Kürbis mengen, wieder gut durchkneten und den Teig nochmals aufgehen lassen.
- Anschließend aus dem Teig Bällchen formen, diese ausrollen, aus jeder Teigscheibe in der Mitte einen kleinen Kreis ausstechen, sodass Kringel entstehen (die ausgestochenen Teigkreise zum Schluss ebenfalls wie beschrieben verarbeiten).
- Die Kringel auf ein mit Backpapier ausgelegtes Backblech legen, nochmals aufgehen lassen, mit gehobelten Mandeln bestreuen und im vorgeheizten Backofen bei 200 °C 20 Minuten backen.

8 Portionen

Zutaten

600 g Weizenmehl
20 g Hefe
250 ml Wasser
2 Esslöffel Zucker
1 Prise Salz
1 Ei
4 Esslöffel Butter
300 g Kürbis
50 g gehobelte Mandeln

Vanillecreme

4 Portionen

Крем заварний

Zutaten

370 ml Milch
5 Esslöffel Zucker
1 ½ Esslöffel Weizenmehl
3 Eier
50 g Butter
1 Esslöffel Vanillezucker

Zubereitung

- Die Milch zum Kochen bringen, den Zucker einrühren und die Milch 1–2 Minuten kochen lassen.
- Das Mehl unter ständigem Rühren in der trockenen Pfanne hellbraun rösten, bis es nach gebrannten Nüssen duftet, dann abkühlen lassen und mit den Eiern verrühren.
- Unter ständigem Rühren mit dem Schneebesen den leicht abgekühlten Milchsirup in dünnem Strahl und portionsweise in das Mehl-Eier-Gemisch gießen.
- Diese Creme bei schwacher Hitze unter fortgesetztem Rühren über einem Wasserbad so lange garen, bis sie dickflüssig ist.
- Die Creme auf Zimmertemperatur abkühlen lassen, die Butter und den Vanillezucker hinzugeben und leicht verrühren.
- Die Creme anschließend mindestens 30 Minuten in den Kühlschrank stellen.
- Zum Servieren die Creme in Schälchen verteilen und mit frischem Obst, Beeren oder Konfitüre garnieren.

Äpfel in Topfenteig

Яблука у сирному тісті

6 Portionen

Zubereitung

- Das Mehl auf die Arbeitsfläche sieben, in den Mehlhaufen eine Mulde machen und den gut verrührten Topfen, Salz und die Margarine (in Flocken) hineingeben.
- Das Ganze zu einem glatten Teig kneten, diesen 30 Minuten im Kühlschrank kalt stellen.
- Die Äpfel schälen und das Kerngehäuse ausstechen, die Äpfel unter Zugabe von Zitronensaft nicht zu weich dünsten, anschließend aus dem Wasser nehmen, abtrocknen und abkühlen lassen.
- Den Topfenteig zu einem Viereck ausrollen und in 6 Quadrate schneiden, die groß genug sind, um die Äpfel darin einzuhüllen.
- Die Äpfel jeweils in die Mitte der Teigquadrate setzen, Zimt und Zucker miteinander vermischen, in die Mitte jedes Apfels jeweils einen Teelöffel Zimtzucker geben.
- Jeweils die diagonal gegenüberliegenden Enden der Teigquadrate über die Äpfel legen und zusammendrücken, den Teig dann mit verquirltem Ei bestreichen.
- Die Äpfel im Topfenteig bei 230 °C ca. 20 Minuten backen, abgekühlt servieren und mit Puderzucker bestreuen.

Zutaten

300 g Mehl
300 g Topfen
¼ Teelöffel Salz
300 g Margarine
6–8 Äpfel
1 Esslöffel Zitronensaft
2 Teelöffel gemahlener Zimt
6 Teelöffel Zucker
1 Ei
Puderzucker

Beerendessert

8 Portionen

Десерт ягідний

Zutaten

500 g frische Beeren
200 g Butterkekse
200 g Rahmtopfen
(mind. 40 % F. i. Tr.)
1 Esslöffel Zucker
100 ml Obers
2 Esslöffel Puderzucker
frische Beeren zum Verzieren

Zubereitung

- Die Beeren waschen und putzen, einen Teil davon zur Verzierung beiseitelegen.
- Die Kekse zerkrümeln.
- Den Topfen mit dem Mixer unter allmählicher Zugabe von Zucker und Obers durchmischen.
- Die Beeren pürieren und mit dem Puderzucker vermengen.
- In Dessertschälchen schichtweise das Beerenpüree, die zerkleinerten Kekse und die Topfencreme einfüllen und anschließend mit ganzen Beeren verzieren.

TIPP: Die Topfencreme am besten mit einem Spritzsack in die Schälchen dressieren.

Himbeerpiroschki

Пиріжки з малиною

6 Portionen

Zubereitung

- Aus dem Weizenmehl, dem Wasser, dem Pflanzenöl und einer Prise Salz einen festen Teig kneten.
- Die Himbeeren verlesen und kurz abbrausen, zuckern und mit dem Stärkemehl vermengen.
- Den festen Teig dünn ausrollen, mit einer runden Form Kreise für die Piroschki ausstechen, in die Mitte der Teigscheiben jeweils einen Löffel Himbeerfüllung geben, die Teigscheiben halbmondförmig zusammenklappen und die Teigränder fest zusammendrücken.
- Die Piroschki in der Fritteuse so lange garen, bis sie von allen Seiten angebräunt sind, anschließend mit dem Schaumlöffel aus dem Pflanzenöl nehmen und auf Küchenpapier legen, damit das noch anhaftende Öl aufgesogen wird, dann abkühlen lassen.
- Vor dem Servieren mit Puderzucker bestreuen.

Zutaten

500 g Weizenmehl
220 ml Wasser
1 Esslöffel Pflanzenöl
Salz
300 g Himbeeren
3 Esslöffel Zucker
1 Esslöffel Stärkemehl
200 ml Pflanzenöl
zum Frittieren
Puderzucker

Beeren-Grießkuchen

Запіканка манна з ягідами

4 Portionen

Zutaten

300 g Beeren
(oder beliebiges Obst)
30 g kernlose Rosinen
2 Eier
1 Esslöffel Zucker
1 Päckchen Vanillezucker
500 ml Milch
1 Prise Salz
120 g Grieß
10 g Butter

Butter und 1 Esslöffel
Paniermehl für die Form
100 ml Sauerrahm
200 ml Konfitüre
oder Fruchtsauce

Zubereitung

- Die Beeren waschen und putzen (bzw. das Obst je nach Sorte schälen und wenn nötig in kleine Stücke schneiden), die Rosinen mit kochendem Wasser überbrühen und abseihen.
- Die Eier trennen, ein Eigelb zum Bestreichen aufheben, das Eiweiß schaumig schlagen.
- Den Zucker und den Vanillezucker in die Milch rühren, Salz hinzugeben und zum Kochen bringen.
- Den Grieß in einem dünnen Strahl hinzufügen und unter ständigem Rühren zu einem Brei kochen, die Butter unterrühren und etwas abkühlen lassen.
- In den Brei ein Eigelb und die Rosinen rühren, das schaumig geschlagene Eiweiß vorsichtig unterheben.
- Die Backform mit Butter einfetten und mit Paniermehl bestreuen, die Hälfte des Grießbreis in die Backform geben und glatt streichen.
- Dann die Beeren (bzw. die Obststücke) darauf verteilen und mit dem Rest des Grießbreis bedecken, die Oberfläche mit einem Gemisch aus Eigelb und Sauerrahm bestreichen.
- Im auf 200 °C vorgeheizten Backofen etwa 40 Minuten backen, mit Konfitüre oder Fruchtsauce servieren.

Erdbeertopfen

Крем сирний з полуницею

Zubereitung

- Die Erdbeeren waschen, die Stiele entfernen, die Pfefferminze oder Melisse fein hacken.
- Den Topfen, die Milch, den Honig und ein Drittel der Erdbeeren mit dem Pürierstab mixen.
- In die Topfenmasse einen Teil der fein gehackten Kräuter zugeben und unterrühren, ein weiteres Drittel der Erdbeeren in Würfel schneiden und ebenfalls unter die Topfenmasse mischen.
- Zum Servieren den Erdbeertopfen in Dessertschälchen füllen und mit den übrigen ganzen Erdbeeren und dem Rest der fein gehackten Kräuter garnieren.

Zutaten

150 g Erdbeeren
4 Zweige Pfefferminze
oder Melisse
500 g Topfen
50 ml Milch
80 g Honig

Kissél
aus Hagebutte

6 Portionen

Кисіль з шипшини

Zutaten

250 g Hagebutten
1 l Wasser
2 Esslöffel Speisestärke
2 Esslöffel Zucker

Zubereitung

- Die Hagebutten waschen, das Wasser erhitzen, die Hagebutten hinzugeben und zugedeckt 15 Minuten kochen, danach 6 Stunden ziehen lassen.
- Den Sud durchseihen, in einem Teil des Suds die Speisestärke auflösen, in den restlichen Sud den Zucker geben und unter ununterbrochenem Umrühren zum Kochen bringen, sobald der Zucker aufgelöst ist, die aufgelöste Speisestärke unter weiterem Umrühren hinzugießen, nochmals aufkochen und anschließend abkühlen lassen.

> Gelee-artige Süßspeisen aus Fruchtsirup werden in der Ukraine als „*Kissél*" bezeichnet.

Mehrschichtiger Kissél

Кисіль багатошаровий

Zubereitung

- Die Kartoffelstärke im kalten, zuvor abgekochten Wasser auflösen, die Milch zum Kochen bringen, etwa ein Drittel des Zuckers, den Vanillezucker und ein Drittel der in Wasser aufgelösten Kartoffelstärke hinzugeben, diesen *Kissél* nochmals zum Kochen bringen und dann abkühlen lassen.
- Die Säfte einzeln zum Kochen bringen, je ein weiteres Drittel Zucker und in Wasser aufgelöste Kartoffelstärke hinzugeben, diese Mischungen jeweils aufkochen und abkühlen lassen.
- In Dessertschälchen oder Gläsern in Schichten die verschiedenen Sorten *Kissél* einfüllen und in den Kühlschrank stellen, vor dem Servieren nach Wunsch mit Puderzucker bestreuen.

Zutaten

2 Esslöffel Kartoffelstärke
200 ml kaltes abgekochtes Wasser
200 ml Milch
4 Esslöffel Zucker
1 Esslöffel Vanillezucker
200 ml roter Johannisbeersaft
200 ml Sanddornsaft
2 Teelöffel Puderzucker (nach Wunsch)

Blaubeer-Júschka
mit Reis

Юшка з чернiки з рiсом

8 Portionen

Zutaten

200 g getrocknete Blaubeeren
(Heidelbeeren)
800 ml Wasser
100 g Zucker
2 Teelöffel Kartoffelstärke
100 g gekochter Reis

Zubereitung

- Die Blaubeeren 10 Minuten in wenig kaltem Wasser einweichen, abgießen, dann mit 800 ml kaltem Wasser zum Kochen bringen und 5 Minuten kochen, den Zucker hinzugeben und weitere 5–7 Minuten köcheln lassen.
- Anschließend die in Wasser aufgelöste Kartoffelstärke hinzugießen und nochmals aufkochen lassen.
- Den Reis auf Tellern verteilen und mit der Blaubeer-*Júschka* auffüllen.

TIPP: Nach Wunsch kann man die Blaubeer-*Júschka* mit Zitronensaft beträufeln und mit Sauerrahm anrichten.

Jede Art von Bouillon wird in der Ukraine als *Júschka* bezeichnet (s. auch in der Einleitung auf S. 9) – eine Fleischbouillon ebenso wie ein eintopfartiges Gericht unter Zugabe von Getreidegrütze. Bei der Blaubeer-*Júschka* handelt es sich aber um eine sättigende Süßspeise!

Mohndessert

Десерт маковий

4 Portionen

Zubereitung

- Die Milch mit dem Mohn aufkochen und dann abkühlen lassen, die Gelatine einweichen und über einem Wasserbad auflösen.
- Die Eiweiß mit 2 Esslöffeln Zucker schaumig schlagen, den restlichen Zucker hinzugeben und steif schlagen.
- Den Sauerrahm mit dem Obers, der Gelatine, der aufgekochten Mohnmilch und dem Eischnee verrühren, das Mohngemisch in kleine Formen geben und zum Gelieren kühl stellen.
- Für die Sauce die getrockneten Marillen in kaltem Wasser einweichen, das kalte Wasser abgießen, dann mit 250 ml heißem Wasser auffüllen und weich kochen, anschließend mit dem Pürierstab zu einer dickflüssigen Sauce mixen.
- Das gelierte Mohndessert aus den Formen auf Teller oder auf eine Platte stürzen und mit abgekühlter Marillensauce begießen.

Zutaten

50 ml Milch
50 g Mohn
25 g Gelatine
2 Eiweiß
4 Esslöffel Zucker
220 g Sauerrahm
100 ml Obers
200 g getrocknete Marillen

Apfelküchlein

6 Portionen

Оладді з яблуками

Zutaten

12 g Hefe
450 ml Milch (oder Wasser)
18 g Zucker
Salz
1 Ei
450 g Weizenmehl
120 g Äpfel
50 g Butter
90 g Zucker zum Bestreuen
Obers zum Garnieren

Zubereitung

- Die Hefe in der warmen Milch oder dem warmen Wasser auflösen, das mit Zucker und Salz verquirlte Ei hinzufügen und unter ständigem Umrühren das Mehl hinzufügen.
- Den Teig mit einem Geschirrtuch abdecken und zum Aufgehen an einen warmen Ort stellen.
- Die Äpfel schälen, das Kerngehäuse herausschneiden und die Äpfel in dünne Scheiben schneiden.
- Die Apfelscheiben vorsichtig unter den Teig heben, mit einem mit Wasser angefeuchteten Löffel etwas Teig in eine mit Butter eingefettete Pfanne mit dickem Boden geben und flache Küchlein von etwa 10 cm Durchmesser formen, die Küchlein von beiden Seiten goldbraun braten.
- Die fertigen Küchlein mit Zucker bestreut und mit Obers garniert servieren.

Púndiki
mit Obers

Пундики з вершками

Zubereitung

- Die weiche Butter mit dem Zucker und den Eigelb verquirlen, allmählich unter weiterem Umrühren das Wasser hinzugießen, dann das Mehl hinzufügen und einen Teig kneten.
- Aus dem Teig kleine runde Bällchen formen und auf ein mit Butter eingefettetes Backblech legen, die Bällchen mit verquirltem Ei bestreichen und im vorgeheizten Backofen bei 200 °C 20 Minuten backen.
- Die fertigen *Púndiki* aus dem Backofen nehmen und auf der Unterseite jeweils in der Mitte ein Stück herausschneiden (die herausgeschnittenen Stücke kann man im Backofen leicht anrösten, dann zerstoßen und die *Púndiki* damit bestreuen).
- Anschließend die *Púndiki* mit geschlagenem Obers füllen und sofort servieren.

Zutaten

150 g Butter
3 Esslöffel Zucker
5 Eigelb
100 ml Wasser
500 g Weizenmehl
1 Ei
100 ml Obers

Slastjóny

Сластьони

4 Portionen

Zutaten

1 Prise Salz
½ Teelöffel Zitronensäure
100 ml Wasser
350 g Weizenmehl
2 Eier
180 g Butter
4 Esslöffel Warénje (s. S. 15)
oder Konfitüre

Zubereitung

- Salz und Zitronensäure im kalten Wasser auflösen.
- Die Hälfte des Mehls auf eine Arbeitsplatte sieben, in den Mehlhaufen eine Mulde machen, ein Ei und das gesalzene, gesäuerte Wasser dazugeben, vermischen und einen Teig kneten.
- Den Teig zu einer Kugel formen, mit Mehl bestauben, mit einem Geschirrtuch abdecken und bei Zimmertemperatur 25–30 Minuten stehen lassen.
- Die gekühlte Butter in kleine Stücke schneiden, mit dem restlichen Mehl verkneten und zu einem Würfel formen, diesen auf 10–14 °C kühlen.
- Dann den Teig in Form einer Blüte mit vier Blütenblättern so ausrollen, dass die Mitte des Teige etwas dicker ist als die „Blütenblätter", in die Mitte den Butter-Mehl-Würfel legen und die „Blütenblätter" darüberklappen (**Bild 1**), die Teigränder anschließend an den Seiten zusammendrücken.
- Den sich so ergebenden „Briefumschlag" aus Teig zu einem langen Streifen ausrollen, diesen in drei Schichten zusammenfalten (**Bild 2**) und nochmals ausrollen, danach in vier Schichten zusammenfalten und erneut ausrollen. Diesen Prozess noch zwei- bis dreimal wiederholen.
- Den fertigen Blätterteig ausrollen, aus einem Teil Quadrate ausstechen oder ausschneiden, den restlichen ausgerollten Teig in dünne Streifen schneiden.
- In die Mitte der Quadrate jeweils etwas Warénje oder Konfitüre geben und diese Füllung gitterförmig mit den Teigstreifen bedecken (**Bild 3**).
- Die Teigstreifen mit verquirltem Ei leicht bestreichen, die *Slastjóny* auf ein mit Wasser angefeuchtetes Backblech legen und im vorgeheizten Backofen bei 220 °C 25 Minuten goldgelb backen.

> *Slastjóny* (von russ. *slásti* – Süßigkeiten, Süßwaren oder: russ. *slastjóna* – Leckermaul). Von dem so bezeichneten Gebäck gibt es wie bei den *Púndiki* zahlreiche Varianten, angefangen von krapfenähnlichem Gebäck bis hin zu dem hier beschriebenen gefüllten Blätterteiggebäck.

Mohnfladen
(Schulíki)

Коржі макові

4 Portionen

Zutaten

350 g Weizenmehl
2 Eier
100 g Butter
½ Teelöffel Speisesoda
2 Teelöffel Zucker
½ Teelöffel Salz

Für die Sauce
150 g Mohn
200 ml Wasser
150 g Honig oder Zucker

Zubereitung

- Aus dem Mehl, den Eiern, der weichen Butter, dem Speisesoda, dem Zucker und dem Salz einen Teig kneten, diesen ca. 5 mm dick ausrollen und auf ein mit Backpapier ausgelegtes Backblech legen.
- Mit der Gabel die Umrisse von Quadraten in den Teig stechen und den Teig im auf 200 °C vorgeheizten Backofen ca. 10 Minuten goldbraun backen.
- Den Mohn mit dem kochenden Wasser übergießen, aufquellen lassen, anschließend das Wasser abseihen.
- Den Mohn mit einer Serviette trocken tupfen, anschließend in einem Keramik- oder Porzellangefäß mit einem Mörser zerstampfen, dabei nach und nach ca. 5 Teelöffel kochendes Wasser hinzugeben, Honig oder Zucker hinzugeben und mit dem restlichen Wasser verrühren.
- Den fertig gebackenen Teig abkühlen lassen, entlang der mit der Gabel gestochenen Linien in Quadrate auseinanderbrechen und mit der Mohnsauce begießen.

Werguný

Вергуни

Zubereitung

- Das Mehl auf die Arbeitsfläche sieben und eine Mulde machen, den Sauerrahm, die Eigelb, den Rum oder Weinbrand, den Zucker und das Salz in die Mehlmulde geben und daraus einen festen Teig kneten.

- Den Teig 2–3 mm dick ausrollen und in 3 cm breite und 10 cm lange Streifen schneiden, in jeden Teigstreifen einen Längseinschnitt machen und ein Streifenende durch diesen Einschnitt ziehen (**Bild 1**).

- In einer breiten, flachen Kasserolle das Schmalz erhitzen und darin die *Werguný* (nicht mehr als 3–4 Stück auf einmal) goldgelb frittieren.

- Die fertigen *Werguný* mit der Gabel oder einem Schaumlöffel herausheben und auf ein Sieb legen, damit das überflüssige Fett abläuft, anschließend die *Werguný* auf einen Teller legen und mit Puderzucker, vermischt mit Vanillezucker bestreut servieren.

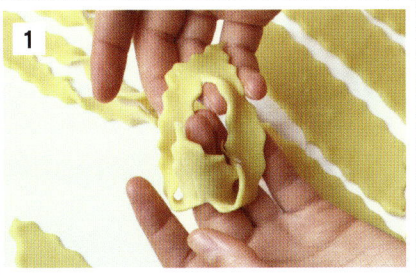

Werguný sind ein klassisches ukrainisches Rezept, das im Unterschied zur russischen „*chwórosty*" mit deutlich mehr Eiern und weniger Zucker hergestellt werden. Zur Aromatisierung kann auch Wodka Verwendung finden. *Werguný* sind keine klassische Nachspeise, sondern eher ein sättigendes Süßgericht

8 Portionen

Zutaten

500 g Weizenmehl
150 g Sauerrahm
3 Eigelb
2 Esslöffel Rum oder Weinbrand
1 Esslöffel Zucker
¼ Teelöffel Salz
750 g Schmalz
2 Esslöffel Puderzucker
½ Teelöffel Vanillezucker

Man kann die *Werguný* heiß oder auch kalt servieren.

Ssolozhéniki

4 Portionen

Соложеніки

Zutaten

Zubereitung

Für den Teig

5 Eier
100 g Zucker
100 g weiche Butter
125 ml Obers oder Milch
1 Päckchen Vanillezucker oder
geraspelte Zitronenschale
140 g Mehl
2 Esslöffel Zucker (für das steif
geschlagene Eiweiß)

Für die Füllung

3 mittelgroße Äpfel
30 g Butter
3 Esslöffel Zucker
300 g frische oder
eingefrorene entsteinte
Kirschen
1 Esslöffel Speisestärke
Paniermehl
1 Teelöffel gemahlener Zimt

- Die Eier vorsichtig in Eiweiß und Eigelb trennen, die Eigelb mit 100 g Zucker fast weiß schlagen, dann allmählich und nacheinander unter weiterem Mixen die weiche Butter hinzugeben, das Obers oder die Milch, den Vanillezucker oder die geraspelte Zitronenschale und zuletzt das Mehl hinzufügen und untermischen.
- Das Ergebnis muss ein flüssiger Teig sein, von einer etwas dickflüssigeren Konsistenz als für Palatschinken. Anschließend den Teig 20–30 Minuten ruhen lassen.
- Die Eiweiß mit 2 Esslöffeln Zucker steif schlagen, die Hälfte des steif geschlagenen Eischnees unter den Teig rühren.
- Aus dem Teig 4–5 ca. 1 cm dicke Omeletts in einer nur mäßig erhitzten Bratpfanne backen, damit sie nicht zu braun und auch durchgebacken werden (die Bratpfanne braucht für das Backen vorher nicht eingefettet zu werden, da der Teig ausreichend fettig ist und nicht ansetzt).
- Für die Apfelfüllung die Äpfel waschen, vom Kerngehäuse befreien, schälen, klein schneiden und in einer geringen Menge Butter anbraten, bis sie weich sind, anschließend mit 1 Esslöffel Zucker bestreuen.
- Für die Kirschfüllung die Kirschen mit 2 Esslöffeln Zucker und der Speisestärke vermengen und stehen lassen, bis die entsteinten Kirschen Saft abgeben (wenn man eingefrorene Kirschen verwendet, diese zuerst auftauen und anschließend den Zucker und die Speisestärke beimengen).
- Dann die Kirschen mit dem Saft bis zum Dickwerden erhitzen, anschließend vom Herd nehmen und vollständig abkühlen lassen.
- Eine Backform mit Butter einfetten und mit Paniermehl bestreuen, anschließend die Omeletts abwechselnd mit der Kirsch- und Apfelfüllung in der Backform aufeinanderschichten, die Kirsch- und Apfelschichten jeweils glatt streichen. Als letzte Schicht soll wieder ein Omelett das Ganze bedecken.
- Mit dem restlichen Eischnee die Oberfläche und die Seiten der Omelett-Torte bestreichen.
- Anschließend die *Ssolozhéniki* im auf 210–220 °C vorgeheizten Backofen etwa 10 Minuten überbacken, bis der Eischnee leicht braun wird.
- *Ssolozhéniki* können noch heiß oder auch kalt serviert werden.

Ssolozhéniki sind eine Süßspeise, die man nur bedingt zu den Mehlspeisen zählen kann. Eher handelt es sich um eine Eierspeise, weil Eier von der verwendeten Menge her neben Obers vor dem Mehl die vorherrschende Zutat sind.

„Lerchen"

Жайворонки

ca. 20 Stück

Zutaten

1 kg Weizenmehl
30 g Hefe
130 g Butter
150 g Zucker
200 ml Milch
1 Ei
Salz
100 g Rosinen
1 Ei zum Bestreichen

Zubereitung

- Aus den angegebenen Zutaten (außer den Rosinen und dem Ei zum Bestreichen) einen Hefeteig kneten und an einen warmen Ort zum Aufgehen stellen, während des Aufgehens noch zwei- bis dreimal durchkneten.

- Aus dem Teig eine Rolle formen und diese in gleichmäßige Stücke von etwa 50 g schneiden, diese Teigstücke wiederum zu dünnen Strängen formen, in diese jeweils einen Knoten machen (**Bild 1**) und ihnen dann die Form von Vögelchen verleihen, jeweils zwei Rosinen für die Augen in die „Köpfe" hineindrücken.

- Die Vögelchen leicht flach drücken und mit dem Messer am anderen Knotenende Einschnitte für die Schwanzfedern vornehmen (**Bild 2**), die Vögelchen auf ein mit Butter eingefettetes Backblech legen und an einem warmen Ort weiter aufgehen lassen. Dann mit verquirltem Ei bestreichen und im vorgeheizten Backofen bei 230 °C ca. 20 Minuten backen.

Honiglebkuchen

Пряники медові

ca. 40 Stück

Zubereitung

- Ein Drittel der Haselnüsse beiseitelegen, die übrigen fein hacken, den Honig (einen Teil davon zum Bestreichen aufheben), den Zucker, die fein gehackten Haselnüsse und die Gewürze miteinander vermengen und so lange erhitzen, bis das Gemisch eine rötliche Färbung annimmt.
- Das Mehl mit dem Stärkemehl und dem Backpulver vermischen und unter allmählichem Hinzugießen der Honigmischung zu einem festen Teig kneten.
- Den Teig 2 cm dick ausrollen, kleine Kreise ausstechen und in die Mitte jeweils einen Haselnusskern hineindrücken.
- Die Lebkuchen mit dem beiseitegestellten Honig bestreichen, auf ein leicht mit Mehl bestaubtes Backblech legen und im vorgeheizten Backofen bei 220 °C 10–15 Minuten backen.

Zutaten

125 g Haselnüsse
500 g Honig
150 g Zucker
1 Teelöffel gemahlener Zimt
¼ Teelöffel gemahlene Gewürznelke
½ Teelöffel gemahlene Muskatnuss
800 g Weizenmehl
150 g Stärkemehl
½ Teelöffel Backpulver

Bräuche der ukrainischen Tafel

U krainische Feste verliefen gewöhnlich lärmend und laut und sogar aus den Nachbarländern lud man Gäste ein. Viele Tischsitten sind Allgemeingut mehrerer Länder geworden, zum Beispiel, in die Mitte des Tisches einen *Karawáj* (Rezept s. S. 168) zu stellen oder die Gäste mit Wodka, angesetzt mit Kren, Knoblauch, Honig oder Pfeffer, zu bewirten.

Natürlich war der Erfolgsgarant einer jeden Feierlichkeit – ganz gleich, ob es sich um einen Geburtstag, eine Hochzeit, ein Jubiläum oder um eine Taufe handelte – der festlich gedeckte Tisch. Gekocht wurde in der Regel mehr als reichlich, damit niemand sagen konnte, der Tisch sei leer gewesen. *„Krásna cháta nje uglámi – a pirogámi"* (Das Heim wird schön nicht durch seine Ecken, sondern durch seine Kuchen) – dieses Sprichwort[1] gilt auch heute noch für die Bewohner der Ukraine. Und obwohl die Menschen hierzulande alles andere als zu träge sind, ihre Häuser zu verschönern, so findet man ein klares Urteil über die Hausleute doch erst, wenn man bei ihnen zu Tisch gesessen

1 Im Sprichwort wird auf den fest stehenden Begriff „schöne Ecke" (russ. *krásnyj úgol*) angespielt, eine Gebetsecke, in der der Hausaltar mit Ikonen aufgestellt war.

ist. So werden in der Westukraine beispielsweise die Teller in 2–3 Etagen übereinandergestapelt. In der Tscherkastschina (dem Gebiet um Tscherkassy in der Zentralukraine) werden lange Tische aufgestellt, damit alle Speisen Platz haben. Jede Region der Ukraine ist reich an Gebräuchen und Geschichten. Doch jenseits regionaler Besonderheiten kommt die ukrainische Tafel nicht ohne Brot, Salz, Speck und Selbstgebranntem aus. In alten Zeiten gab es von alledem genug, um den Gast mit Speis und Trank zu bewirten und die Tafel reichlich, gemütlich und herzlich zu gestalten.

Die ukrainische Küche ist mit prächtigen Festtagsgerichten, welche die Speisetafel zu einem wahren Kunstwerk werden lassen, ungewöhnlich gastfreundlich und großzügig. Dabei handelt es sich beispielsweise um ein ganzes Spanferkel,

gefüllt mit gekochtem Buchweizen, Gans oder Ente, serviert mit Äpfeln und gekochter Rollgerste (Graupen) oder Äpfeln und Brot, Karpfen, der in einer großen Menge Gemüse mit Steinpilzen gedünstet wurde. Im eigenen Saft gegart, geliert er gleichsam. Wenn er kalt serviert wird, sieht das Gericht aus wie Karpfen in Aspik. Zu beliebigen Feiertagen werden auch appetitanregende Hausmacherwürste serviert: aus Schinken, Innereien, Hühnerfleisch wie auch Blutwurst mit Zusatz von Gemüse und Kartoffeln sowie grob gemahlenem Pfeffer. Und natürlich sind Piroggen ein unverzichtbares Element der Festtafel. Mit allen nur möglichen Füllungen gebacken oder gebraten, haben sie seit jeher einen Ehrenplatz auf der Festtafel inne. Als typisch ukrainische Desserts gilt alles, was mit Mohn und Honig kombiniert

In der Westukraine herrschen noch die alten Traditionen üppiger Bewirtung bei festlichen Anlässen – Dorf in den Karpaten.

Erwartet man viele Gäste, wird gerne (wie hier auf einem Jahrmarkt) ein ganzes Spanferkel gefüllt mit gekochtem Buchweizen zubereitet.

wird: Nudelteigtaschen mit Topfen und Mohn, eine Mohnrolle, die weniger Teig als Mohn enthält, Honigkuchen, Fladen aus feinem, dünnem Teig wie auch Palatschinken mit süßen Füllungen.

Als Hauptunterhaltung an beliebiger Festtafel gelten immer noch die Volkslieder. Man singt gerne sowohl lustige Lieder, wie zum Beispiel „*Oj u póli dwa dúbki*" (Am Feld, da stehen zwei Eichen), als auch getragene Balladen, wie zum Beispiel „*Nitsch táka mísjatschna*" (Die Nacht ist so mondhell) oder „*Tschas rikóju plíwe*" (Die Zeit schwimmt auf dem Fluss davon). Bei Hochzeiten wird beispielsweise zur Zeit der ersten Ankunft der Braut im Hause des künftigen Mannes *Otkrywájtje komórotschku, otpuskájtje náschu pschólotschku* (Öffnet das Kämmerlein und lasst unser Bienchen frei) gesungen, und wenn die Gäste einen längeren Anfahrtsweg haben, wird unterwegs gesungen: *Podjeszhája pod ssjeló, ssygráj dúdka wésjelo* (Wenn wir uns dem Dorf nähern, spiel, Flöte, lustig auf).

Feste und besondere Feiertage

Die Feier des Osterfestes

Kein anderes Fest wird in der Ukraine so herbeigesehnt wie Ostern. Vor Ostern gibt es die große Fastenzeit, die 40 Tage dauert. Während der gesamten Fastenzeit müssen orthodoxe Gläubige auf folgende Lebensmitteln verzichten:

- Fleisch und Fleischprodukte
- Fisch und Fischprodukte (außer an den nicht strengen Tagen)
- Geflügel
- Eier
- Milch und Milchprodukte
- Süßigkeiten
- süße Backwaren
- Fast Food
- Alkohol

Strenge und nicht strenge Fastentage

Die ersten vier Tage, aber auch die letzte Woche vor Ostern gelten als die strengsten Tage der Fastenzeit. Der „Reine Montag" (der erste Tag der Fastenzeit) und der Karfreitag (der letzte Freitag vor Ostern) sind die strengsten Fastentage, an denen man gar nichts essen darf. Aber am ersten Freitag der Fastenzeit ist gekochter, mit Honig oder Zucker gesüßter Weizen erlaubt.

An den anderen Tagen erfolgt die Ernährung nach einem bestimmten Zeitplan:

Montag, Mittwoch und Freitag: Brot, Wasser, Gemüse, Obst, Kompott. Dienstag und Donnerstag: heiße Mahlzeit ohne Fett. Samstag und Sonntag: Speisen mit Pflanzenöl und die ganze Vielfalt der Fischprodukte.

Auch heute noch haben Restaurants in ukrainischen Städten während dieser Zeit eigene Karten mit Fastengerichten.

Das hohe Fest der Auferstehung Jesu Christi wird in Großstädten, Provinzstädten wie in Dörfern begangen. Die Osterbräuche werden von Generation zu Generation weitergegeben und die österliche Festtafel sticht durch besondere Schönheit und Vielfältigkeit köstlicher Speisen hervor. Auf dem Ostertisch warten meist die verschiedensten Fleischspeisen auf den nach der großen Fastenzeit lang ersehnten Verzehr: Imbisse aus Gemüse, Hühnerfleisch und Fisch, allerlei Sülzen und Geleespeisen, Braten mit Pilzen, Buchweizengrütze mit Lammfleisch oder gekochtem Schinken, Ente oder Gans mit Honig. Früher warteten wohlhabende Familien mit mehr als 40 Speisen auf, um an die 40 Fastentage zu erinnern.

Am Karsamstag kochte, färbte und bemalte man die sogenannten *Kráschenki* und *Píssanki*, die traditionell so wichtigen Ostereier. Das Was-

Als Hauptunterhaltung bei Festen gelten immer noch selbst gesungene Volkslieder.

Eine Auswahl aufwendig gefärbter *Píssanki*

Ein alter Brauch ist die Weihe der Osterspeisen am Karsamstagabend oder früh am Ostersonntag.

ser, in dem die Ostereier gekocht worden waren, wurde nicht weggeschüttet – in ihm wuschen sich die Mädchen und jungen Frauen, um immer jung und schön zu bleiben. Ursprünglich färbte man die Eier nur mit roter Farbe. Heute werden verschiedene Aufkleber und Lebensmittelfarben verwendet, um die Ostereier zu verzieren und damit den Ostertisch je nach eigenem Geschmack zu schmücken.

Für die traditionellen *Kráschenki* werden Eier, wie auch bei uns üblich, in einer siedenden Brühe aus Zwiebelschalen gekocht, wodurch sie eine rotbraune Farbe erhalten. Schnürte man etwa kleine Petersilienblätter auf die Eier, hinterließen diese helle Blattmuster. *Píssanki* hingegen heißen die für die Westukraine typischen, sehr aufwendig mit einer Batiktechnik verzierten Eier, die mit komplizierten Mustern, österlichen Symbolen oder Bildern geschmückt sind.

Seit ältester Zeit bis auf den heutigen Tag symbolisieren die (rot) gefärbten Eier das ewige Leben und erinnern an das freudige Ereignis – die Auferstehung Jesu Christi. Ostereier wurden nach Möglichkeit niemals nur für den Eigenbedarf gefärbt. Es war gängige Meinung, dass ein an Ostern verschenktes gefärbtes Ei Glück bringt und das Haus vor bösen Geistern beschützt. Auch schrieb man den gefärbten Ostereiern eine besondere Heilkraft zu. Mit ihnen strich man über die Haustiere, um alle Krankheiten von ihnen zu vertreiben. Die Schalen der Ostereier vergrub man im Gemüsegarten oder auf dem Feld, damit die Ernte reich ausfiel.

Ebenfalls am Karsamstag bereitete man die Topfen-Torte *Pás'cha* (Rezept s. S. 172) zu und buk den prächtigen Osterkuchen *Kulítsch* (Rezept s. S. 170). Bevor die Hausfrau sich hier an die Arbeit machte, verrichtete sie ein Gebet zu Gott; während der Zubereitung wurde nur im Flüsterton gespro

chen. Das Ostergebäck beschränkte sich jedoch nicht auf den *Kulítsch* – neben ihm buk man auch Plunder- oder Hefeteig-Gebäck in Form von Hasen, Lerchen, Hähnen und anderen Tieren. Die Darstellung eines Lammes im Ostergebäck symbolisierte den Opfertod Jesu Christi. Nach altem Brauch ging man am Ostersonntag früh, wenn die Glocken läuteten, in die Kirche und trug in Körben, bedeckt mit einem schön bestickten Handtuch, die gebackenen Osterkuchen und gefärbten Eier zum Segnen. Nach der Osterliturgie entboten die Gläubigen einander den Ostergruß „*Christós woskrés*" (Christus ist auferstanden) und hörten als Erwiderung: „*Woístinu woskrés*" (Er ist in Wahrheit auferstanden). Aus der Kirche trug man geweihte brennende Kerzen nach Hause, die man dann auf den Osterkuchen steckte. Alle setzten sich an den gedeckten Ostertisch und begannen mit dem Festmahl.

Weihnachtsbräuche

In der Ukraine beginnt das Weihnachtsfest am 6. Januar (Heiligabend), der das vorweihnachtliche Fasten ablöst.

Das vorweihnachtliche Fasten ist weniger streng als die große Fastenzeit vor Ostern. Nicht erlaubt sind Fleisch, Eier und Milchprodukte. Fisch ist an Samstagen, Sonntagen sowie an großen Festtagen, z. B. am Festtag der Einführung der allheiligsten Gottesgebärerin in den Tempel, an Kirchweih- und Patronatsfesten und an Festtagen großer Heiliger, wenn sie auf einen Dienstag oder Donnerstag fallen, zulässig. Ebenso darf Wein an Samstagen, Sonntagen sowie an den Gedenktagen der am meisten verehrten Heiligen in Maßen genossen werden.

Man darf das Abendessen, welches an Heiligabend zubereitet wird, nicht mit demjenigen im Kreise der Familie am Abend des Weihnachtstages (7. Januar) verwechseln.

In der Ukraine wird das Abendessen am Heiligabend von vielen Traditionen und Bräuchen begleitet. Am Vorabend von Weihnachten schrieb die Kirche ein strenges Fasten vor – den ganzen Vorweihnachtstag durften die Gläubigen weder essen

Traditionelle Weihnachtstafel mit *Uswár*, *Kútja* und diversen Fastenspeisen

Das Korn ist ein Symbol für Leben und Fülle. Nicht nur am Heiligen Abend werden in der Ukraine Gerichte aus Getreidekörnern genossen.

Wie zu Ostern freute man sich nach der vorweihnachtlichen Fastenzeit am Weihnachtstag auf eine Vielzahl von Fleischgerichten, darunter auch kalte Spezialitäten wie Schinken, selbst gemachte Wurst oder Presskopf (Bild).

noch trinken. Das abendliche Mahl an Heiligabend war die erste Mahlzeit, welche die Gläubigen an diesem Tag zu sich nahmen – mit ihm wurde die vorweihnachtliche Fastenzeit beendet. An den Tisch durfte man sich erst mit dem Erscheinen des ersten Sterns am Himmel setzen – damit gedachte man des Sterns von Bethlehem, der den Hirten die Geburt Christi ankündigte.

Hauptgerichte am ukrainischen Heiligabend waren eine *Kútja* (Rezept s. S. 174), ein Weizen-, Gersten- oder Reisbrei mit Honig, Mohn und Rosinen und ein *Uswár* (Rezept s. S. 175) aus Trockenobst. Dabei ist es wichtig, zu wissen, dass jedem Bestandteil der *Kútja* eine besondere Bedeutung zukommt: Das Korn ist ein Symbol für Leben und Fülle, der Honig steht für Gesundheit und Wohlergehen, der Mohn symbolisiert die Einheit aller Glieder der Familie und ein Zusammenleben ohne Armut. Die weiteren Zutaten sollen die *Kútja* nahrhafter und wohlschmeckender machen, aber zugleich ein Leben im Wohlstand und ein erntereiches Jahr versprechen.

An Heiligabend kamen nicht mehr als 12 verschiedene Fastenspeisen auf den Tisch, darunter von alters her ein fleischloser Fasten-Borschtsch (Rezept s. S. 32) mit Pilzen, Erbsen, Nudelteigtaschen mit Krautfüllung, Fischgerichte, Buchweizengrütze, Krautwickel mit Reis, Fastenpalatschinken, Pilze und allerlei Piroggen.

Nach dieser Abendmahlzeit, die gewöhnlich 3–4 Stunden dauerte, wurden die *Kútja* und einige andere Speisen nicht vom Tisch geräumt, sondern man ließ sie für die Seelen der verstorbenen Vorfahren und Verwandten stehen, die nach dem Glauben der Ukrainer auch zum Heiligabend-Mahl kamen.

Am Weihnachtstag (7. Januar) selbst bereitet man für den Abend ein großes Familienmahl zu. Die Fastenzeit ist endgültig abgeschlossen, deshalb dürfen verschiedene Fleischspeisen auf den Tisch kommen: Hausmacherwurst (Rezept s. S. 55), gebratenes Spanferkel, gefüllt mit gekochter Buchweizengrütze, Gans oder Ente, angerichtet

mit Antonow-Äpfeln[2], Ente mit Kraut, Sülze, Räucherschinken, Kochschinken, Lammlendenkoteletts mit Buchweizenbrei, aber auch Palatschinken, Fisch in Aspik, Piroggen und Lebkuchen (Rezept s. S. 159).

Am ersten Weihnachtsfeiertag stattete man in der Ukraine noch keine Weihnachtsbesuche ab. Nur die verheirateten Kinder sollten mit Schwiegertochter oder Schwiegersohn nach dem Mittagessen ihre Eltern besuchen – man sagte, sie brächten dem Großvater das Abendessen vorbei.

Gegen Abend des 7. Januar zogen die ersten lärmenden Kinderscharen von Sternsingern los, bei denen jeder über der Schulter einen Beutel trug, in dem sie die erhaltenen Gaben sammelten. Sie fragten die Hausherren, wem sie die Weihnachtslieder singen sollten, dem Sohn oder der Tochter. Das Sternsingen zog sich über mehrere Abende hin, bis jedes Haus in der Siedlung erreicht war.

Es ist heute noch gängige Meinung, dass man gerade an den heiligen Tagen die Zukunft am genauesten voraussagen kann. Daher nutzten die Mädchen die Gelegenheit und beteiligten sich am Weihnachtswahrsagen. Sie interessierte vor allem, ob sie im kommenden Jahr heiraten oder unverheiratet bleiben würden, ob sie reich oder arm sein würden. Deshalb kreisten viele Wahrsagereien um die Suche nach dem vorherbestimmten Bräutigam.

Es gab viele Bauernregeln im Zusammenhang mit dem Wetter während der zwölf Weihnachtstage. Wenn zum Beispiel der erste Weihnachtstag ein klarer Tag war, würde es im kommenden Jahr schlechte Ernten geben, wenn das Wetter dage-

gen trüb war und Schnee fiel, hoffte man auf eine reiche Ernte. Wenn am Weihnachtsabend viele Sterne am Himmel zu sehen waren, würde es im Sommer viele Pilze geben. Wenn es in der zweiten Tageshälfte hagelte, erwartete man eine gute Erbsenernte; wenn es dagegen schneite, würden viele Bienen schwärmen.

Die traditionelle Neujahrstafel

Neujahr (1. Januar) wird in der Ukraine einer alten Tradition folgend im großen Stil gefeiert. Eines der wesentlichen Elemente stellt dabei der Neujahrstisch dar. Und wenn darauf nun auch neumodische Delikatessen erscheinen – die wesentlichen Festtagsspeisen bleiben dennoch die aus der Kindheit bekannten Salate und Imbisse.

Die Festtagsbräuche des Neujahrsfestes sind in der Ukraine seit den Zeiten der Sowjetunion unverändert geblieben: „*Djed Morós*" (Väterchen

Der Besuch von Väterchen Frost (*Djed Morós*) und Schneeflöckchen (*Snjegúrotschka*) zählt zum Neujahrsbrauchtum der Ukraine.

2 Antonow-Äpfel, *Antónowka* genannt, sind eine nur im ostslawischen Raum kultivierte grün-gelbe, saftige und säuerliche Herbst- und Wintersorte.

Der Gang aufs Feld zum (symbolischen) Aussäen ist ein teilweise bis heute in der Ukraine verbreiteter Neujahrsbrauch, der sich mit den Hoffnungen auf eine gute Ernte verbindet.

Frost) und „Snjegúrotschka" (Schneeflöckchen), die festlichen Aufführungen vormittags in den Schulen und auf dem Neujahrstisch der obligatorische Oliviersalat (Rezept s. S. 61), der Salat „Hering im Pelzmantel" (Rezept s. S. 57), Sekt, Mandarinen und Schokolade.

Nach altem Brauch musste man nach dem Abendessen unbedingt bei den Nachbarn vorbeischauen und für möglicherweise auf sich geladene Schuld um Verzeihung bitten, um das neue Jahr in Eintracht und Harmonie begrüßen zu können. Am ersten Neujahrstag war (und ist heute noch mancherorts) der Gang ins Feld zum Aussäen weitverbreitet. Man nimmt an, dass dieser Brauch noch aus vorchristlicher Zeit stammt. Bekanntlich begingen unsere Urahnen den Jahreswechsel nicht im Winter, sondern im Frühjahr. Deshalb war der Brauch des Aussäens mit Hoffnungen auf eine gute Ernte verbunden. Meist wurden Kinder aufs Feld zum Aussäen geschickt, von denen diejenigen am reichsten beschenkt wurden, die als Erste wieder nach Hause kamen.

In der Ukraine ist es zudem üblich, auch das alte Neujahrsfest zu begehen. Dieser Brauch des zweimaligen Begehens von Neujahr hängt mit den unterschiedlichen Zeitrechnungen zweier Kalender zusammen: des Julianischen Kalenders (alter Stil) und des Gregorianischen Kalenders (neuer Stil), nach dem die Menschen heute leben. Der Zeitunterschied beträgt 13 Tage, deshalb fällt der Jahreswechsel nach dem alten Stil auf die Nacht zwischen dem 13. und 14. Januar. In der Ukraine nannte man den Silvesterabend alten Stils auch „Schtschédrij wétschir" (freigebiger Abend). Dies hing damit zusammen, dass die Kútja (Rezept s. S.174) an diesem Abend im Unterschied zu der von Heiligabend mit Schmalz oder Speck angerichtet wurde, d. h. reichhaltig und keine Fastenspeise mehr war. Zu den uralten Bräuchen dieses Abends kann man auch die Brautwerbung zählen, denn gerade am 13. Januar pflegten die Bräutigame seit jeher Brautwerber zu ihren Liebsten auszusenden, um die Eltern der Braut um Erlaubnis und ihren Segen für eine Eheschließung zu bitten. Obwohl dieses Ereignis in unseren Tagen nicht mehr so aufsehenerregend und lärmend abläuft,

wie es früher war, bemühen sich die jungen Männer, dem Brauch gemäß das Datum des Freiens nicht zu ändern.

Hochzeitsbräuche

Der größte Aufwand wird für die Hochzeitstafel betrieben. Die Eltern des jungen Paares setzen alles daran, dass die Tische sich unter der Vielzahl von Speisen und Getränken förmlich biegen. Zum Hochzeitsmahl bereiten die Hausfrauen Gerichte gleich für mehrere Tage zu. Als Erstes backen sie sogenannte Schíschki – kleine runde Brötchen mit Verzierungen. Sie werden von der Braut und ihren Brautjungfern den Gästen als Einladung zum Hochzeitsfest überbracht, wobei die Brautjungfern sich nach alter Sitte vor jedem der Geladenen verneigen sollen, sogar vor Kindern. In vielen Städten und Dörfern der Nordukraine soll die ganze Brautgesellschaft übrigens dieselben Elemente wie Schmuck, Bänder, Schals oder Tücher tragen – so unterscheidet sich die „Hochzeitsdelegation" von den gewöhnlichen Gästen. Während die Brautjungfern in der West- und Zentralukraine gewöhnlich mit Blumenkränzen an der Hochzeitstafel erscheinen, so ersetzen diesen Schmuck in vielen nördlichen Dörfern die Haarbänder. Ein solches Haarband aus Seide wird in einer Umwindung um den Kopf gebunden.

Nach den Schíschki werden besondere Festspeisen zubereitet und der Hochzeitsbrotkuchen Karawáj (Rezept s. S. 168) gebacken. Ohne ihn findet keine Hochzeit statt. Den Brotkuchen verzieren moderne Bäcker mit Blumen aus Mehl und Wasser, Anhänger des alten Brauchtums dagegen verzieren ihn zusätzlich mit einigen echten Weizen- oder Roggenähren – als Symbol für die Fruchtbarkeit.

Auf der Hochzeitstafel waren stets und sind immer noch die Fleischspeisen vorherrschend: Hausmacherwurst, gekochter Schinken (Rezept s. S. 50), geräucherter Störrücken, Rouladen, Fleisch mit Dörrzwetschken, verschiedene Fleischrollen. Es werden aber auch leichte Imbisse wie Salate, Gemüse oder Pilzgerichte serviert. Als unverzichtbares Gericht gilt gefüllter Hecht (Rezept s. S. 101), den die Köche möglichst aufwendig und kunstvoll verzieren. Nach solchem Schmaus und Trank tanzen und singen die Gäste und ersinnen allerlei Unterhaltungen und Vergnügungen.

Wenn die Hochzeitsgesellschaft sich am festlich gedeckten Tisch genug gelabt hat, gehen die Gäste auf die Straße hinaus. Der beliebteste Hochzeitsstreich ist in der Ukraine die Entführung der Schwiegereltern. Um die Loyalität des künftigen Schwiegersohnes zu den Eltern der Braut zu überprüfen, setzt man die Schwiegereltern in ein Fuhrwerk und kutschiert sie, was das Zeug hält und zudem auf den zerfahrensten Wegen, durch das Dorf. Der Bräutigam muss die Eltern seiner Auserwählten freikaufen. Um der Schwiegermutter und dem Schwiegervater das Holpern über Stra-

Blumenverkäuferin in Czernowitz

ßenlöcher zu ersparen, greift der junge Mann zu einem Trick: Er stellt auf das Fuhrwerk eine große Flasche Selbstgebrannten. Wenn die Flasche umfällt oder zu Bruch geht, sehen die Räuber kein Lösegeld. Auf großen Festgelagen gibt es auch noch den Brauch, „auf Hühner auszugehen". Die vergnügte Gesellschaft verkleidet sich als Zigeuner, wobei die Männer lange Röcke anziehen und bunte Kopftücher aufsetzen und den Frauen schwarze Schnurrbärte ins Gesicht malen. Die „Zigeuner" gehen zu den Hochzeitsgästen nach Hause und schenken jedem, den sie dort antreffen, unter Scherzen und Reimsprüchen ein Glas Wodka ein, wofür sie „den Tribut" einsammeln: ein Huhn, eine Ente, einen Hahn oder einen anderen Schmaus – von jedem, was er geben kann. Danach kochen sie aus der gesamten Ausbeute die Suppe Sjurpú (eine nahrhafte, reichhaltige Suppe aus Fleisch oder Geflügel) und decken erneut den Tisch.

Holzkirchen haben die religiöse Landschaft der Ukraine weitgehend geprägt. Heute sind ihre schönsten Exemplare nur mehr in Freilichtmuseen, wie hier in Uzhgorod, zu bewundern.

Der Jahrmarkt von Sorotschinzy

Nikolai Gogols berühmte Erzählung „Der Jahrmarkt von Sorotschinzy" hat die Gemeinde Weleki Sorotschinzy im Kreis Myrhorod unter den Gemeinden des Oblast Poltawa berühmt gemacht. Mit feinem Humor skizziert er verschiedene Typen der ukrainischen Bauern und Handwerker und schildert das Leben des einfachen Volkes in lyrischer Weise.

Zu solchen Jahrmärkten und Messen kamen schon im 16. Jahrhundert Händler aus dem übrigen Europa in die Ukraine, das 19. Jahrhundert kann als Blütezeit solcher Veranstaltungen gelten. Der Jahrmarkt von Sorotschinzy war weder die größte noch die bekannteste unter diesen Messen. Durch Gogols Erzählung berühmt geworden, etablierte sich in Sorotschinzy aber schon ab Mitte der 1960er Jahre wieder eine Messe, nachdem in den ersten Jahrzehnten kommunistischer Herrschaft

alle Veranstaltungen dieser Art verboten gewesen waren. Nach dem Zerfall der Sowjetunion sank in der Zeit der wirtschaftlichen Not und der großen Inflation in der Ukraine die Bedeutung dieser Messe aber erneut, nach 1999 erfuhr sie jedoch ihre zweite Renaissance. Heute verbindet sie erfolgreich Geschichte und Gegenwart, Volkstraditionen, Kultur und Farbenreichtum mit den Geschäftsinteressen der ukrainischen Produzenten.

Ein Töpfer verkauft seine handgefertigten Waren.

Handgefertigte *Mótanka*-Puppen sind alte ukrainische Talismane, die wohl aus heidnischer Zeit stammen.

Hier gibt es *Wischíwankas* (bestickte Blusen) und traditionellen Schmuck.

Eine Frau in einer *Wischíwanka* verkauft ukrainische Souvenirs.

Für den Besucheransturm werden große Mengen von Schaschlik und ganze Ferkel am Spieß gebraten oder – wie hier – Borschtsch (links) und *Bógratsch* (rechts am Beginn der Zubereitung) in großen Kesseln gekocht.

Messebesucherin in nationaler Tracht

Essensausgabe

Würste am Grill

Mándriki mit Konfitüre

4 Portionen

Zutaten

400 g Weizenmehl
5 Eier
50 g Butter
200 g Sauerrahm
100 g Zucker
je 100 ml Pfirsich- und
Kirsch-Konfitüre

Мандрики з варенням

Zubereitung

- Aus dem Mehl, 4 Eiern, der Butter, dem Sauerrahm und dem Zucker einen Teig kneten, mit Frischhaltefolie abdecken und für eine halbe Stunde in den Kühlschrank stellen.
- Aus dem Teig Rollen formen, diese in Stücke schneiden, zu Bällchen formen und zu Scheiben mit ca. 10 cm Durchmesser ausrollen (**Bild 1**).
- Die Ränder der Teigplätzchen nach oben biegen und auf diese Weise hochstehende Borten formen (**Bild 2**).
- Die Teigplätzchen auf ein mit Butter eingefettetes Blech legen und die Borten mit verquirltem Ei bestreichen, dann im auf 200 °C vorgeheizten Backofen 10–15 Minuten leicht anbräunen und wieder aus dem Backofen nehmen.
- In die Mitte jedes Plätzchens je einen Klecks beider Konfitürensorten geben, anschließend die *Mándriki* bei 200 °C weitere 15 Minuten fertig backen.

Mándriki sind ein rituelles Gebäck, welches am christlichen Festtag zu Ehren der Apostel Petrus und Paulus am 12. Juli gebacken wird. Die Bezeichnung wird mit der Legende von den um die Welt reisenden („*mandruwánnja*" = Wallfahrt) Aposteln Petrus und Paulus in Verbindung gebracht, denen ein Kuckuck einen solchen „*mándrik*" gestohlen habe und den Gott damit gestraft habe, dass er um diese Zeit herum aufhört, „Kuckuck" zu rufen.

* Das zur Verzierung angebrachte Teigrechteck, das den *Karawáj* mittig in der Länge seines Durchmessers bedeckt, entspricht dem mit verschiedenen Symbolen bestickten linnenen Tuch mit Fransen (*Ruschník*), das bei diversen Festtagen, wie Hochzeiten, Taufen und Beerdigungen Verwendung fand.

Der Brotkuchen *Karawáj* kann nicht nur zu Hochzeiten, sondern auch zum Namenstag oder zur Einweihung eines neuen Hauses gebacken werden. Seine runde Form erinnert an die Sonne.

10 Portionen

Zutaten

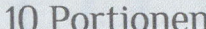

50 g Hefe
500 ml Milch
200 g Zucker
2 Eier
ca. 1,5 kg Mehl
250 g Butter
1 Prise Salz
2 Eier zum Bestreichen

Hochzeits-Karawáj

Zubereitung

- Für den Vorteig die Hefe in warmer Milch unter Zugabe von 1 Teelöffel Zucker auflösen, in einem anderen Gefäß den restlichen Zucker mit den beiden vom Eiweiß getrennten Eigelb verquirlen und die aufgelöste Hefe hinzugeben, etwa 15 Minuten gehen lassen.
- Etwa 1,2 kg Mehl in eine große Schüssel schütten und in der Mitte eine Mulde machen, in diese Mulde den Vorteig und die weiche Butter, die schaumig geschlagenen Eiweiß und eine Prise Salz geben.
- Alles sorgfältig miteinander vermengen und auf einer bemehlten Arbeitsfläche einen Teig kneten, falls nötig von Zeit und Zeit Mehl hinzufügen und den Teig so lange kneten, bis er geschmeidig wird und nicht mehr an den Händen kleben bleibt. Den fertigen Teig wieder in die Schüssel geben, mit einem Geschirrtuch abdecken und zum Aufgehen für 45–60 Minuten an einen warmen Ort stellen.

Паляниця весільна

- Den aufgegangenen Teig nochmals durchkneten und wiederum 1–1,5 Stunden aufgehen lassen, danach den Teig auf die Arbeitsfläche legen, gut durchkneten, ein Drittel des Teiges für Verzierungen beiseitelegen und den Rest zu einer Kugel formen.
- Die Teigkugel auf ein mit Butter eingefettetes Backblech legen. Aus der Hälfte des beiseitegelegten Teiges zwei lange Stränge (jeweils etwas länger als der Umfang der Teigkugel) formen und diese Stränge miteinander zu einer dicken „Schnur" verwinden. Den unteren Rand der Teigkugel mit Ei bestreichen, die „Teigschnur" darum winden und anschließend auch die Teigschnur mit Ei bestreichen.
- Aus dem verbliebenen Teig zur Verzierung Elemente formen (einen *Ruschník**, Eheringe, Blumen, Blätter, Herzen und Schwäne), diese Zierelemente am mit Ei bestrichenen *Karawáj* anbringen.
- Anschließend die Verzierungen mit Eiweiß oder Wasser bestreichen, damit deren Teig beim Backen eine hellere Farbe behält. Den Backofen auf 200 °C vorheizen und das Backblech mit dem *Karawáj* auf die unterste Schiene schieben.
- Sobald die Teigoberfläche sich zu bräunen beginnt, die Backofentür etwas öffnen, den *Karawáj* mit Folie abdecken und die Backtemperatur auf 180 °C reduzieren, die Backzeit beträgt insgesamt etwa 1–1,5 Stunden.
- Den fertigen *Karawáj* im Backofen bei leicht geöffneter Backofentür 15 Minuten abkühlen lassen.

5 Portionen

Zutaten

500 g Mehl
1 Teelöffel Salz
11 g Trockenhefe
2 Eier
150 g Zucker
130 g Milch
100 g Butter
1 Esslöffel fein geraspelte
Orangenschale
1 Teelöffelspitze Vanillin
200 g Rosinen
3 Esslöffel Rum

Butter für die Backformen

Osterkuchen Kulítsch
Пасхальний куліч

Zubereitung

- Mehl, Salz und Hefe vermischen, die Eier mit dem Zucker schaumig schlagen und die Milch, die weiche Butter, die Orangenschale und das Vanillin hinzufügen, alles zusammen mit dem Mehlgemisch zu einer einheitlichen Teigmasse verrühren.
- Die Rosinen sorgfältig waschen und abtrocknen, mit 3 Esslöffeln Rum unter die Teigmasse rühren, den Teig 30 Minuten lang an einem warmen Ort gehen lassen.
- Kleine Kuchenformen mit Butter einfetten, die Backformen zu jeweils einem Drittel mit Teig füllen und für 30 Minuten an einen warmen Ort stellen, damit der Teig weiter aufgehen kann.
- Die Teigoberfläche vor dem Backen jeweils mit Ei bestreichen, den *Kulítsch* die ersten 15–20 Minuten im vorgeheizten Backofen bei 180 °C backen, weitere 20–25 Minuten bei 150 °C.

Wie die Topfen-Torte *Pás'cha* ist der *Kulítsch* ein typisches Ostergericht, in den üblicherweise auch eine Kerze gesteckt wird. Je nach Rezept und Belieben wird er nicht nur mit Vanille, sondern auch mit Kardamom oder Muskatnuss gewürzt.

Zu Ostern wird die ukrainische Tafel mit bestickten Tüchern belegt, die die Auferstehung Christi (*Christós Woskrés*) zum Inhalt haben.

Oster-Topfen-Torte
Pás'cha

Сирна паска

8 Portionen

Zutaten

800 g Topfen
(mindestens 10 % Fett)
100 g Rosinen
150 g Mandeln
4 hart gekochte Hühnereier
300 g Zucker
1 Päckchen Vanillezucker
4 rohe Wachteleier
250 g Crème fraîche
(30 % Fett)
100 g Mandelflocken

Zubereitung

- Den Topfen mit dem Mixer zu einer einheitlichen Masse mixen.
- Die Rosinen waschen und abtrocknen, 100 g Mandeln fein hacken (den Rest für die Verzierung ganz belassen).
- Die geschälten Hühnereier klein schneiden oder mit einer groben Raspel reiben und zum Topfen hinzufügen, den Zucker und den Vanillezucker hinzugeben und sorgfältig umrühren.
- Anschließend die rohen Wachteleier (sie verleihen der Topfenmasse Geschmeidigkeit und einen zarten Geschmack), die Crème fraîche, die Rosinen und die fein gehackten Mandeln hinzugeben, alles sorgfältig miteinander vermengen.
- In einen tiefen Teller die spezielle, pyramidenförmige und vierkantige *Pás'cha*-Kuchenform stellen und sie mit einem feuchten Mulltuch so auskleiden, dass sich keine Falten bilden, die Topfenmasse einfüllen, die Form oben ebenfalls mit einem Mulltuch abdecken und mit einem Gewicht (beispielsweise ein mit Wasser gefülltes 3-Liter-Glas) beschwert 10–12 Stunden in den Kühlschrank stellen (von Zeit zu Zeit muss man aus dem Teller die durch den Druck aus der Form gepresste Flüssigkeit abgießen).
- Die fertige *Pás'cha*-Torte aus der Form auf einen Teller stürzen und die Mulltücher entfernen, die Torte von oben mit den verbliebenen ganzen Mandeln in Kreuzform verzieren, seitlich mit Mandelflocken bestreuen.

> Die „Torte" *Pás'cha* ist eine rituelle Osterspeise aus Topfen und wird nicht gebacken. Oft werden an ihrer Seite das Kreuz und andere österliche Symbole eingepresst.

> TIPP: Wenn der Topfen nicht sehr sauer ist, kann man die Zuckermenge auf 200 g reduzieren.

Kútja

10 Portionen

Кутя

Zutaten

Zubereitung

300 g Weizenkörner · 1 l Wasser · 300 g Honig oder Zucker
200 g Mohn
200 g fein gehackte Nüsse
(z. B. Walnüsse und Mandeln)
150 g kernlose Rosinen

Kútja ist wie das Getränk *Uswár* ein traditionelles Gericht für den Hl. Abend, der ja noch als Fastentag gilt. Als Basis für den Getreidebrei kann auch Reis oder Gerste verwendet werden. Ebenso ist die Beifügung beliebiger anderer Trockenfrüchte möglich. Auch bei anderen rituellen Anlässen wie Taufen oder Begräbnissen wird *Kútja* gereicht.

- Die Weizenkörner verlesen, waschen und im warmen Backofen trocknen, wenn die Weizenkörner ganz getrocknet sind, mit Wasser besprengen, in ein Leinensäckchen geben und mit dem Holzstößel so lange zerstoßen, bis die Kornhülsen aufplatzen, über Nacht in kaltem Wasser einweichen (man kann die Weizenkörner auch ohne diese Vorbehandlung kochen, doch dann verlängert sich die Kochzeit bedeutend).
- Die zerstoßenen Weizenkörner bei schwacher Hitze 2–3 Stunden kochen, von Zeit zu Zeit umrühren und falls nötig Wasser hinzugießen, damit der Weizenbrei nicht anbrennt.
- Den Honig oder Zucker mit ca. 100 ml Wasser auffüllen und 1–2 Minuten kochen oder in *Uswár* (siehe Rezept nebenan) auflösen.
- Den Mohn 2- bis 3-mal mit kochendem Wasser überbrühen und anschließend im Mörser zerstoßen.
- Den fertigen Weizenbrei mit dem Mohngemisch vermengen, die fein gehackten Nüsse, Rosinen und die Honigmischung hinzufügen und gut umrühren.

Uswár

Узвар

12 Portionen

Zubereitung

Zutaten

- Die getrockneten Früchte verlesen und mehrmals in warmem Wasser waschen, anschließend in Stücke von mittlerer Größe schneiden, diese mit 2–2,5 l frischem Wasser in einen Topf geben und zum Kochen bringen.
- Sobald die Früchte zu kochen beginnen, den Zucker und Honig hinzufügen, erneut aufkochen lassen, danach sofort vom Herd nehmen und abkühlen lassen, anschließend den *Uswár* einige Stunden ziehen lassen.

400 g getrocknete Früchte
3 Esslöffel Zucker
Honig (je nach Geschmack)

TIPP: Das Getränk wird gewöhnlich kalt in kleinen Trinkgläsern gereicht.

Uswár ist ein traditionelles Getränk insbesondere für die Weihnachtstafel, bei dem getrocknete Birnen, Äpfel und Kirschen unverzichtbar sind, aber auch je nach Geschmack andere Trockenfrüchte hinzugefügt werden können.

Aus unserem Programm

ISBN 978-3-7020-1204-5

ISBN 978-3-7020-1446-9

ISBN 978-3-7020-1417-9

ISBN 978-3-7020-1255-7

Leopold Stocker Verlag

www.stocker-verlag.com

Graz – Stuttgart